의료개혁 무엇을 어떻게?

의료개혁 무엇을 어떻게?

펴 낸 곳 투나미스
발 행 인 유지훈
지 은 이 이규식ⓒ
프로듀서 류효재 변지원
기   획 이연승 최지은
마 케 팅 전희정 배윤주 고은경
초판발행 2024년 06월 30일
주   소 수원시 권선구 서호동로14번길 17-11
대표전화 031-244-8480 | 팩스 031-244-8480
이 메 일 ouilove2@hanmail.net
홈페이지 www.tunamis.co.kr
I S B N 979-11-94005-04-9 (03330) (종이책)
I S B N 979-11-94005-05-6 (05330) (전자책)

의료개혁 무엇을 어떻게?

이규식

투나
미스

CONTENTS

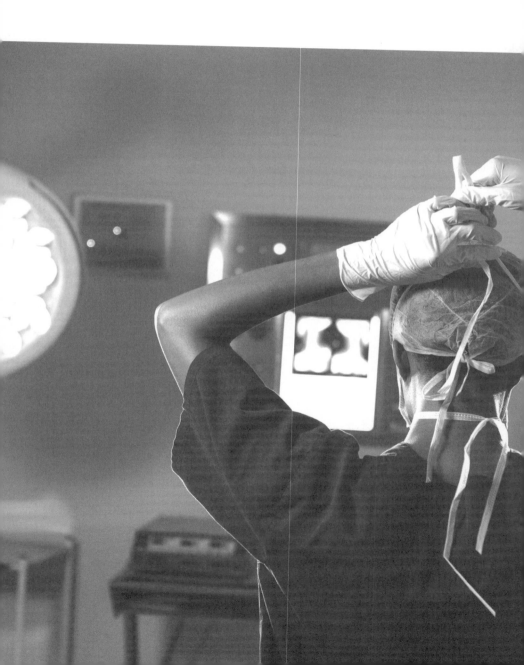

프롤로그   11

1 방황하는 의료정책   24

2 이념 부재의 의료보장제도 운영   44

   의료보장제도의 이념
   이념의 실제 적용
   우리나라의 현실

3 사회의료보험의 원리에 대한 인식부족   60

   의료보장제도에 대한 미국 의사회의 입장
   의료보장제도에 대한 한국 의사회의 입장
   의료보장제도와 의료 사회화의 구현
   의료보장제도가 초래한 의료 사회화의 길
   주관적 건강상태는 의료 이용도와 무관

4 잘못된 공공의료의 정의가 남긴 폐해   74

   길 잃은 공공의료
   공공재가 되는 의료보장 의료
   「공공보건의료에 관한 법률」의 오류
   공공병원 적자는 착한 적자라는 어이없는 한국적 발상
   의사가 공공재라니!
   요양기관당연지정제와 의료기관 강제 징발

5 영리화된 의료   97

   의료기관이 영리화 된 의료보장국가
   영리와 무관하게 운영된 초기의 건강보험의료
   건강보험 통합 전 진료비 심사제도에 대한 의료계의 불만
   상대가치수가제도의 등장과 비급여서비스
   비급여와 의료기관 영리화
   실손보험과 의료기관 영리화
   의료기관 영리화 방지에 아무런 역할도 못하는 공공병원
   의료기관의 영리화와 일본의 사례분석

CONTENTS

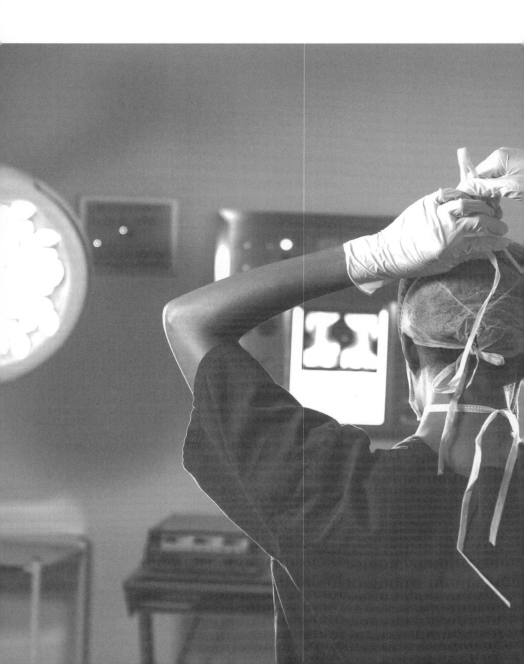

6 붕괴된 지역의료   133

건강보험 통합과 지역의료의 붕괴
필요도 접근과 의료공급체계에 대한 이론
전국민건강보험과 함께 정립한 의료공급체계
지역의료 붕괴와 그 폐해

7 구매이론이 없는 의료보장국가   154

구매이론이란 무엇인가?
필요도 접근과 구매이론
구매이론의 등장 배경
구매이론의 등장이 늦어진 이유
구매이론 없는 우리나라 건강보험제도

8 시장형 의료정책과의 정합성   172

미국식 시장형 의료정책의 실행
미국 의료정책의 이념적 배경
의료의 이념에 관한 우리나라 현실
미국식 합리주의 접근이 초래한 정책의 실패

9 이론 없이 운영되는 건강보험제도   192

무리한 건강보험 통합
이론에도 없는 통합 추진
4대 사회보험 통합이란 엉뚱한 발상

에필로그   222

| 프롤로그 |

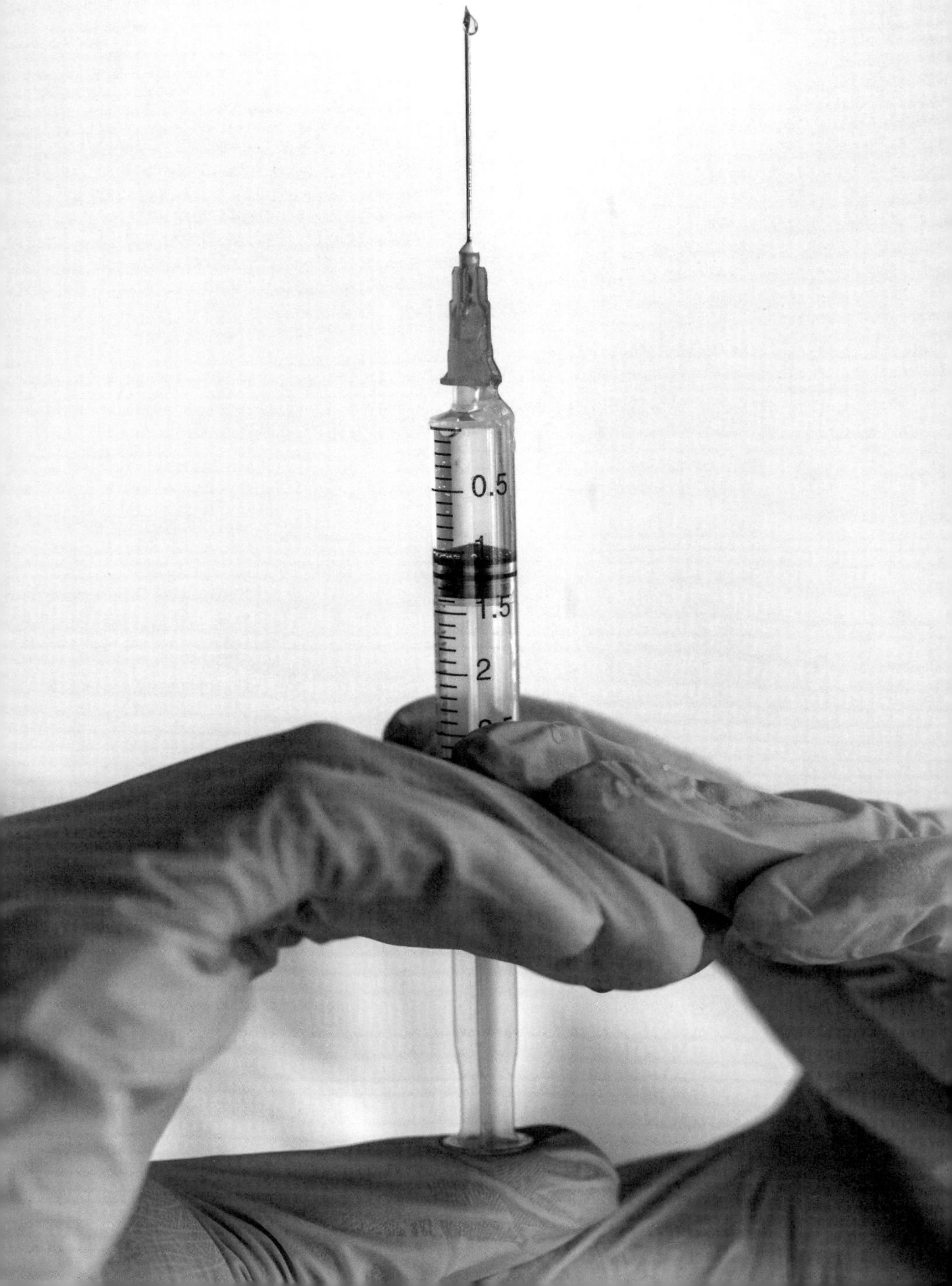

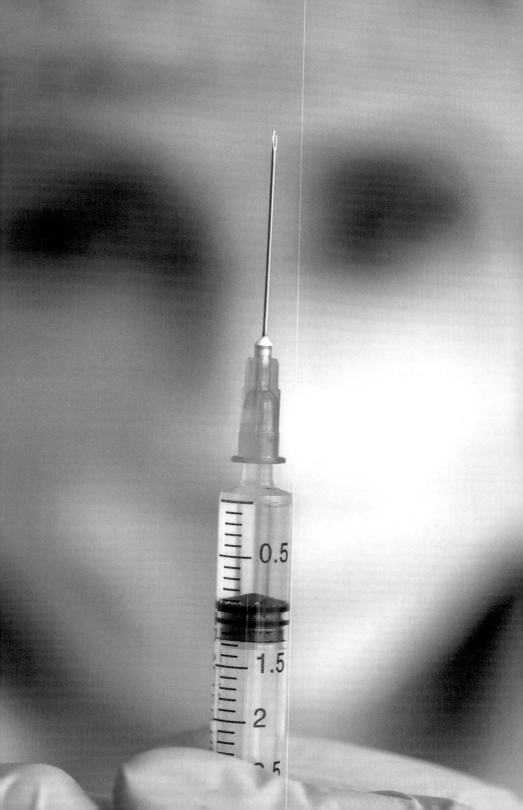

우리 국민들은 얼마 전까지만 해도 우리나라의 의료체계(의료제도 및 건강보험제도를 두루 포함한다)가 세계적으로 우수하다고 믿었다. 심지어 미국의 오바마 대통령까지 한국 의료시스템이 우수하다고 부추겨주었다. 정부 역시 그동안 우리 의료체계를 자랑스러워했으며 특히 2020년에 시작된 코로나19 펜데믹 기간에는 K-방역을 전 세계에 자랑하기 바빴다.

그 결과 'K-pop'의 뒤를 이어 'K-의료'라는 자랑스러운 신조어가 생겼고 의료관광 목적으로 방한하는 외국인의 숫자가 계속 증가하고 있다. 해외에 오래 거주한 경험이 있는 국민들은 이구동성으로 우리나라의 의료체계가 전 세계에서 가장 편리하다고 말한다. 특히 건강보험료를 포함하여 의료비 부담이 전반적으로 낮음에도 의료 이용에 제한이 거의 없으면서도 신속히 진료를 받을 수 있다는 점에 대해 우리 국민 모두가 만족스러워하고, 국내에 체류하는 외국인들도 모두 "어메

이징 코리아(Amazing Korea)"를 연발하고 있다.

그런데 이상하다. 그렇게 좋다고 평가되던 의료체계가 불과 1~2년 사이에 매스컴의 일등급 비판꺼리가 되고 있으니 말이다. 응급환자가 치료받을 병원을 찾지 못한 채 구급차를 타고 헤매다 골든타임을 놓쳐 사망하는가 하면, 아이를 둔 엄마들이 주변에서 소아과를 찾지 못해 발을 동동 구른다는 안타까운 사연이 연일 매스컴을 타고 있다. 이처럼 필요한 의료서비스를 제때 이용하지 못한 국민들이 늘어나면서 우리나라의 의료체계에 대한 비판이 쏟아지고 있다. 급기야 최근에는 대통령이 직접 나서서 의료개혁을 더는 늦출 수 없다며 결기를 내뿜고 있다.

비수도권 지역은 적절한 규모와 제대로 된 인력을 갖춘 병원이 없다고 난리다. 지방의료원같은 공공병원이 있기는 하지만 같은 지역의 민간병원과 달리 병상 가동률이 50퍼센트에도 미치지 못하여 자원과 혈세가 낭비되는 경우가 허다하다. 지방의료원들은 공공병원이라며 스스로 으쓱대지만, 지역주민들의 기대에 미치지 못하므로 의료문제를 해결하는 데는 별 도움이 안 된다. 비수도권 지역주민들은 감기처럼 가벼운 병은 근처 의원을 찾지만 빨리 낫지 않거나 병이 조금이라도 중하다고 생각되면 인근 대도시나 수도권의 대형병원으로 주저 없이 떠난다. 게다가 지방의료원을 위시하여 지방병원들은 파격적 수준의 연봉을 제시해도 필요한 의사를 구하기 어렵다는 기사도 종종 보도되고 있다.[1]

---

1 2023년 속초의료원에서는 연봉 4억 원을 제시했지만 응급의학과 전문의를 구하지 못했다. 민간병원인 청주 지역의 한 종합병원은 연봉 10억 원을 제시했지만 심장내과 전문의를 구하지 못했다.

불과 1~2년 전까지만 해도 K-방역이니 K-의료니 하며 칭찬 대상이던 의료계가 어쩌다 국민적 지탄의 대상이 되었는지 궁금하지 않을 수 없다. 오늘의 문제를 해결하기 위한 개혁방안으로 정부는 '필수의료 정책패키지'를 발표했다. 주요 내용은 1) 의료인력 확충, 2) 지역의료 강화, 3) 의료사고 안전망 구축 및 4) 보상체계의 공정성 확보 등을 꼽는다.

정책패키지 내용을 검토하기 앞서 '필수의료'라는 용어부터 짚고 가자. 건강보험제도를 운영하는 국가는 필수적인 의료를 모두 보험급여 항목에 포함시키고 있다. 즉, 건강보험이 제공하는 의료가 바로 필수의료다. 그런데 정부가 발표한 필수의료 정책패키지를 설명하는 그림에는 보험급여를 필수의료로 간주하는 것처럼 되어있지만 정책패키지를 설명하는 본문에는 필수의료와 보험급여를 별개로 기술하고 있다. 왜 정부가 필수의료라는 별도의 명칭을 사용하여 여기에 속하지 않는 의료에 종사하는 의료인들의 화를 돋우게 하는지 모르겠다.

패키지 1의 의료인력 확충을 위해 정부는 의과대학 입학 정원을 현재의 3,058명에서 무려 65퍼센트나 증가시켜 2025학년부터 5,058명을 선발하겠다는 통 큰 계획을 발표했다. 2000년까지 41개 의과대학은 3,409명을 선발하던 것을 의약분업 이후인 2003년부터는 4년에 걸쳐 순차적으로 351명을 감원했고, 2006년부터는 3,058명을 선발하고 있다. 그후 오늘에 이르기까지 거의 20년 동안 정원을 동결해 놓다가 급작스럽게 65퍼센트를 증원하겠다니 의료계 입장에서는 엄청난 충격일 것이다. 의약분업이 되면 약국에서 의사 처방전 없이는 전문의약품을 조제를 할 수 없어 의사부터 찾아야만 약을 구매할 수 있게 되니 의사가 더 많아져야 할 터인데 2003년 당시 정부는 무슨 근거로 의과대학의 입학 정원을 줄여 놓았는지, 그리고 그 후에 집권한 정부는 왜 감축된 정원을 회복시키지 않았는지 의심스러울 따름이다. 의대 입학 정원을 늘리려는 시도는 공공의대 신설안을 통해 2020년에 처음으로 표면화되었다. 그러나 공공의대 신설이라는 엉뚱한 방법을 제시함에 따라 입학 정원 이슈를 삼키다 보니 증원문제는 백지화되고 말았다.

패키지 2의 지역의료 강화를 위한 정책의 역사도 되짚어보면 기가 막힌다. 1989년 7월 전국민건강보험이 달성되면 의료 이용이 폭발적으로 증가할 것으로 예상되었다. 그래서 당국은 의료 이용을 억제하고 의료의 지역화를 달성하기 위해 진료권을 설정(중진료권 140개, 대진료권 8개)하고, 소위 '의료전달체계'를 실시했다.

이 제도를 지금까지 유지했더라면 지방의료의 붕괴 같은 일은 벌어지지 않았을 것이다. 그런데 전국민건강보험이 이루어진 후 의료보험조합을 하나로 통합하자는 시민운동이 벌어지면서 당시 조합 방식에 대한 비판이 거세게 일었다. 조합 방식에 대한 비판 중 하나는 진료권의 설정에 따른 국민의 불편성에 대한 것과, 의료 이용의 형평성에 대한 것이었다. 결국 당시 정부는 이와 같은 비판에 굴복하여 1995년 8월 대진료권을 없애 3차 의료기관은 전국의 어떤 기관이라도 자유롭게 이용할 수 있도록 함에 따라 의료의 지역화 개념이 약해지기 시작했다. 그러다 1998년 10월 지역의료보험조합이 하나로 통합되어 조합이라는 관리단위가 없어짐에 따라 중진료권도 폐지하여 병이 나면 전국의 어떤 병의원이라도 3차 의료기관이 아니면 자유롭게 이용할 수 있도록 하여 의료의 지역화는 완전히 포기했다.

당시 정부는 진료권의 폐지가 어떠한 결과를 초래하게 될지 예측하지 못했다. 2004년 KTX가 개통되기 시작하여 전국이 1일 생활권이 되면서 환자는 수도권으로 몰려들게 되었고, 환자가 수도권으로 집중하니 의사나 병원도 수도권에 집중하게 되었다. 현재의 지역의료 붕괴는 건강보험 통합이 초래한 결과물이라 할 수 있다.

지금 우리 국민들이 겪고 있는 여러 가지 문제의 근본 원인은 의료정책의 방향이 제대로 설정되지 못함에 따른 결과라 할 수 있다. 즉, 우리나라의 의료정책이 제길을 찾지 못하여 방황하고 있다는 것이다.

이와 같은 결과를 초래한 근본 원인은 사회보험방식의 건강보험을 도입하는 것은 의료 이용을 사회화한 것인데 정부가 이를 제대로 인식하지 못한 데 있다. 우리나라는 법률에 의거하여 모든 국민을 건강보험에 강제로 가입시키고 보험료는 경제력에 비례하여 징수하지만 의료서비스는 내가 낸 보험료 액수와 무관하게 누구나 똑같은 조건으로 이용할 수 있도록 하고 있다. 이것이 의료 이용을 사회화한 것이다[2]

의료 이용을 사회화하면 자유로운 의료시장이 없어지기 때문에 의료서비스를 배분하는 방법이 근본적으로 달라져야 한다. 그런데 우리 국민들은 건강보험제도가 의료의 사회화를 이루게 된다는 것

---

2 의료 사회화는 의료공급까지 전부 국가가 관장하는 의료 사회주의와는 다르다.

을 전혀 이해하지 못하고 건강보험이 없던 시절처럼 의료를 자유롭게 이용하려고 한다. 그래서 건강보험제도가 도입되었음에도 의료서비스를 이용하는 데 조금이라도 불편함이 있으면 제도에 승복하지 않고 불평·불만을 일삼는다. 건강보험이 의료의 사회화를 초래한다는 사실을 모르는 것은 정책담당자 역시 마찬가지다. 그래서 국민들의 불평을 없애고 의료 이용을 가급적 '편하게,' '많이' 할 수 있는 방향으로 일관되게 정책을 추진해왔다.

정책담당자나 우리 국민들이 이처럼 건강보험제도가 '의료의 사회화'라는 것을 인식하지 못한 채, 단지 재정을 공동으로 조달하는 방식으로만 이해함에 따라 대한민국 국민은 전 세계에서 의료 이용을 가장 많이 하게 되었다. 자세한 내막을 모르는 외국인들은 국민들이 원하는 대로 자유롭게 의료를 이용하는 것만 보고는 한국의 건강보험제도가 우수하다며 칭찬을 늘어놓았다. 그러자 정부는 진짜로 그런 줄 알고 최근까지 계속 우쭐댄 것이다.

국민들이 건강보험료를 무한정 부담할 능력이 있다면 우리나라처럼 재정만 공동으로 조달하고, 이용은 건강보험이 없을 때와 마찬가지로 각자 원하는 대로 자유롭게 하도록 허용하는 것이 가장 좋을 것이다. 그러나 건강보험제도를 우리나라보다 먼저 도입한 국가들은 재정을 공동으로 조달하면서 이용의 자유를 허용하면 제도가 유지될 수 없다는 것을 일찌감치 깨달았다. 그래서 의료 이용을 억제하고 이용의 형평성을 유지하기 위해 1, 2, 3차 의료로 구분하고 진료권을 설정한 뒤 환자의뢰체계에 따라 의료를 단계적으로 이용하도록 절차를 두는 방법을 고안해냈다.

필자는 2012년부터 건강복지연구원의 '이슈페이퍼'를 통해 우리나라 의료체계의 문제점을 분석하고 알려왔다. 이대로 두면 2030년대 중반쯤에는 의료체계가 완전히 붕괴할 것이라는 우려와 함께, 제도의 개혁방향을 여러 가지 각도에서 제안했다. 그런데 필자의 우려보다 더 빨리, 약 2~3년 전부터 앞서 언급한 이상한 증후들이 의료현장에 나타나게 되었다. 그래서 정부가 의과대학 입학정원 확대를 위시하여 의료개혁의 칼을 휘두르는 것이다. 정부는 의료개혁의 필요성만 인식할 뿐 문제의 근본적인 원인이나 의료보장의 본질을 여전히 이해하지 못하고 있는 실정이다. 따라서 정부의 의료개혁정책으로 현재 벌어진 의료문제의 근본적인 해결은 불가능해 보인다. 때문에 2030년대에 이르면 의료체계가 붕괴될 것이라는 필자의 우려가 더욱 깊어지고 있다.

필자는 이 책을 통해 우리나라 의료체계의 문제점과 근본적인 원인을 분석하고, 지속가능한 의료체계로 가기 위한 발전 방향을 기술하려 한다. 지금부터는 이 책을 저술하게 된 동기를 간략하게 설명할 것이다.

필자는 지금까지 주로 유럽의 사회보험국가들의 경험을 토대로 건강보험과 의료정책의 문제점을 분석하고 해결방안을 제시해왔다. 이렇게 학문적 이론서를 중심으로 저술활동을 했던 이유는 우리나라의 대학(원)에서 체계적으로 가르칠 우리말 교재가 없었기 때문이다. 사정이 이렇다 보니 국내 모든 대학(원)은 주로 미국에서 발간된 서적을 교재로 사용했는데 문제는 미국과 우리나라가 전혀 다른 의료체계를 두고 있어 미국의 의료정책으로는 문제의 해결은 커

녕 오히려 문제를 더 복잡하게 만들 뿐이다. 다시 말해, 우리나라와 미국의 의료정책 패러다임이 전혀 다르기 때문이다. 우리나라의 사회의료보험(social health insurance)제도는 '의료를 인간의 기본권'으로 간주하는 사회적 규범에 뿌리를 두고 의료정책도 규범적(normative) 관점에서 접근하고 있다. 반면, 미국은 사회의료보험(social health insurance)제도가 일부 국민에게 적용될 뿐 대다수 국민은 민영보험을 토대로 의료를 이용하기 때문에 '기본권 보장'이라는 이념이 없다. 따라서 미국은 의료서비스를 배분할 의료시장이 있다. 다만 미국도 의료시장만큼은 자유경쟁이 지배하지는 않는다는 것을 인식하여 의료정책도 경쟁의 불완전이라는 의료시장의 특성에 맞게 합리주의적인(rationalism) 관점에서 접근하고 있다. 그런데 의료가 기본권이라는 이념으로 도입한 우리나라는 의료서비스 배분을 의료시장에 맡길 수 없다. 그러므로 미국 서적으로 이를 공부하려면 우리 상황에 맞도록 재해석하는 작업이 반드시 추가로 필요하다. 그런데 대학(원)생 수준으로는 이런 작업이 어렵기 때문에 필자가 그동안 사회보험 이론서들을 발간했던 것이다.

필자는 2013년 2월 대학을 은퇴한 후 건강보험제도의 운영원리에 관하여 코페르니쿠스적인 대전환을 하게 되었다. 재직 중에는 강의와 논문의 작성, 연구 프로젝트의 수행, 학교 행정에 참여, 정부나 정부기관에 대한 자문활동, 그리고 정부 산하기관인 의료기관평가인증원의 운영 같은 일로 시간을 빼앗기다보니 차분하게 한 과제를 집중적으로 분석하기가 어려웠다. 그러다 퇴직 직전인 2012년 4월에 폐암 수술을 받고 한동안 쉬는 기간 중에 OECD 국가들과 우리나라의 의료 이용률을 비교해 보면서 큰 의문이 생겼다. 우리나라는 건강보험에서 환자의 본인부담률이 의료보장국가 가운데 가장 높은데도 의료 이용이 다른 의료보장국가에 비해 턱없이 높은 특이한 현상을 발견했다. 즉, 본인부담률이 높으면 그만큼 의료 이용률이 낮아야 정상인데 우리나라는 다른 의료보장국가와 반대로 나타나는 현상을 보고 그 이유가 매우 궁금했다.

그래서 의료 이용률이 낮은 지방공영제(이하 RHS) 국가인 덴마크나 스웨덴, 그러나 이보다는 이용률이 높은 건강보험(이하 SHI) 국가인 독일과 네덜란드에 주목하여 이용률을 낮추기 위한 직접적인 규제 장치가 있는지 찾아보았다. 그러나 이들 국가에서 의료 이용을 억제하기 위한 직접적인 규제 장치는 찾을 수 없었다. 단지 우리나라에 비해 1차 의료가 강했고, 덴마크나 스웨덴은 '커뮤니티 케어'가 있다는 특징만 알게 되었다.

진료비 지불제도를 보아도 특별히 규제를 하는 것은 볼 수 없었다. RHS 국가인 덴마크는 1차 의사에게 진료비의 약 70퍼센트를 행위별수가로 보상하고, 나머지 30퍼센트는 커뮤니티 케어 대상자가 주치의로 등록할 때 인두제로 지불하는 형태였다. 스웨덴은 보건소(Primary Health Center)에서 공중보건과 1차 의료를 같이 제공하기 때문에 지역에 따라 봉급제나 인두제 등으로 의사에게 진료비를 지불하는 형태였다. 이러한 지불제도의 차이에도 두 나라의 의료 이용은 큰 차이가 없다. SHI를 택한 독일은 개업의에 대해 총액계약제하의 행위별수가제이며, 네덜란드는 개업의에 대해 인두제와 행위별수가가 혼재되어 있지만 두 나라의 의료 이용률은 거의 비슷했다.

필자는 우리나라와 유럽 의료보장국가간의 의료 이용률 차이가 의료서비스에 대한 배분 방법의 차이에 연유하고 있음을 뒤늦게 깨달았다. 유럽 국가들은 의료보장제도를 통해 환자의 접근성을 높이기 위한 가장 쉬운 길은 환자가 의료에 대한 가격을 인지할 수 없도록 제도를 설계하는 것이었다. 즉, 환자가 의료를 이용할 때 본인부담을 거의 하지 않도록 무료에 가까운 제도로 만든 것이다. 이와 동시에 의료서비스의 배분을 시장에 맡기지 않고 재정관리자(질병기금이나 정부)가 공급자로부터 서비스를 구매하여 이를 '배급(rationing)'하는 방법을 취하게 되었다. 이 점이 필자가 깨닫게 된 문제의 핵심이었다. 유럽 국가들이 배급제로 한 이유는 환자가 의료서비스의 가격을 인지할 수 없는 상태에서 우리나라처럼 서비스의 배분을 시장(수요자)에 맡겨두면 환자의 도덕적 해이(moral hazard)로 인한 의료의 과다이용으로 의료비를 감당할 수 없기 때문이다.

다시 말하자면, 의료보장제도에서는 시장의 수요를 바탕으로 서비스를 배분하면 의료 이용이 무한대로 늘어나므로 이를 막기 위해서 재정관리자가 필요도를 토대로 재정조달액만큼 의료서비스를 구매한 후 이를 의료보장제도 가입자에게 '배급'한다. 즉, 유럽 의료보장국가들은 필요도를 토대로 의료를 배급하기 때문에 의료 이용은 자연스럽게 규제되는 것이다. 우리나라는 유럽 의료보장국가의 서비스 배분 원리를 알지 못한 탓에 건강보험제도에서도 의료시장이 존재한다는 생각에서 시장수요를 토대로 의료서비스를 배분해왔고, 결국에는 환자들의 도덕적 해이로 의료 이용이 유럽 국가들에 비해 턱없이 높았던 것이다.

유럽 의료보장국가들이 이런 식의 필요도 접근방식(배급)으로 의료 이용을 통제한다는 것을 구체적으로 명시하는 문헌이 없었기 때문에 필자를 포함한 우리나라 정책관련자들이 이를 이해하기 어려웠다. 그런데 필자가 필요도 기반의 배급방식을 깨닫게 된 근거가 유럽 의료보장국가들의 문헌이 아니라, 사회보험방식의 의료보장제도를 택하지 않는 미국의 문헌이었다는 점은 매우 아이러니컬하다.[3]

필자가 이런 원리를 깨닫고 나니 이를 널리 알려야겠다는 생각이 들었다. 그래서 『보건의료정책(2015년)』과 『의료보장론(2016년)』을 집필했고, 2024년까지 각각 세 차례의 개정판을 발간했다. 그리고 필요도 접근방법을 좀더 구체적으로 알리기 위해 『의료보장과 구매이론(2021년)』을 집필했다. 이를 통해 건강보험제도하에서는 의료서비스의 구매자는 환자가 아니라 재정조달자인 보험자(건보공단)라는 점을 알렸다. 또한 우리나라 의료보장제도의 발전과정을 알리기 위해 『국민건강보험의 발전과 과제(2022년)』를 연이어 집필했다.

필자는 여러 권의 전문서적을 집필하면서 우리나라의 의료체계가 지속가능하기 위해서는 근본적인 개혁이 필요하다고 계속 주장해왔다. 그러나 기존에 발간한 책들은 대학(원)생이나 교수, 그리고 이 분야의 전문가들을 대상으로 하는 일종의 교과서였기 때문에 일반인들은 읽기가 쉽지 않았다. 그러다 보니 책을 좀더 쉽게 써서 의료계 종사자와 정책담당자는 물론이고 학생을 포함한 일반 국민도 잘 이해할 수 있도록 해달라는 요청이 많았다. 최근 들어 '응급실

---

3 Feldstein PJ (2005), *Health Care Economics* (6th), Clifton Park, New York: Thomson Delmar Learning. 제1장에서 "… that access to medical services is considered a right by society, and its distribution cannot be left solely to the marketplace"로 표현하여 인간의 기본권이라는 사회적 권리를 보장하는 사회의료보험일 경우, 의료서비스 배분을 시장에 맡겨 둘 수 없음을 분명히 밝히고 있다.

뼁뼁이'사건이나 '소아과 오픈런' 등, 의료체계에 대한 여러 가지 문제가 대두되다 보니 이제는 국민들도 의료가 자신들의 일상생활에 영향을 미친다는 것을 깨달았기 때문이다. 그래서 지금까지 쓴 이론서를 바탕으로 하되 많은 국민들이 쉽게 이해하고, 정부의 정책결정에 대해 올바른 의사를 표현하는 데 도움이 되도록 새로운 책을 써보기로 했다.

모쪼록 이 책을 통해 우리 국민이 의료보장제도의 특성을 이해하면 좋겠다. 의료보장제도가 도입되면 의료가 사회화된다든가, 서비스 배분을 시장수요로 할 수 없고 배급방식으로 해야 한다는 것, 그리고 의료서비스의 형평적 이용이 될 수 있도록 배급하기 위해 의료의 지역화가 중요하다는 점, 이를 위해 진료권이나 환자의뢰체계가 필요한 정책이라는 점 등을 이해하고, 이와 같은 내용을 정책으로 실행하게 되면 여러 가지 불편이 불가피하다는 점을 깨닫고, 제도에 순응해야만 우리의 좋은 제도가 지속적으로 유지될 수 있을 것이다.

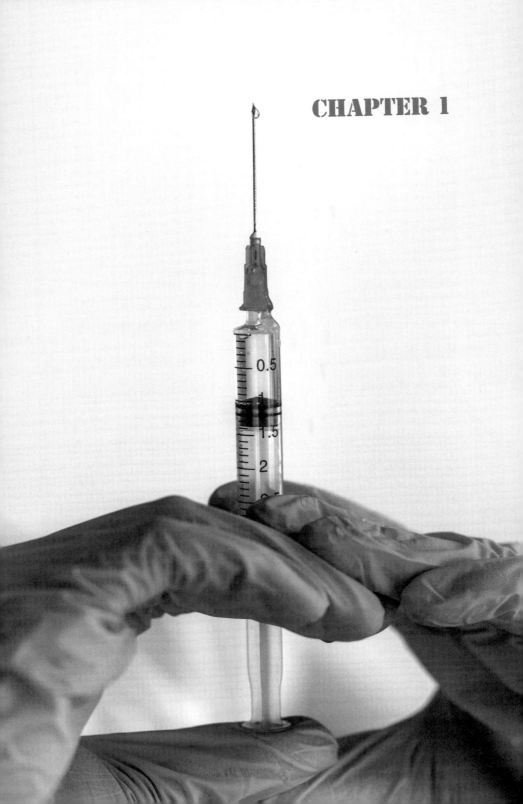

CHAPTER 1

방황하는 의료정책

　　최근 매스컴에 자주 등장하는 기사는 지방에 의사가 부족하고, 소아청소년과나 산부인과 등의 일부 전문과는 의사 부족은 물론이거니와 수련을 받고자 신청하는 전공의도 없어지고 있다는 등이다. 촌각을 다투는 응급환자가 구급차에 실려 응급실을 찾다 골든타임을 놓쳐 사망하는 기사도 종종 언론에 보도되곤 한다. 정부는 이러한 모든 사건들의 원인이 의사 부족에 있는 양, 급작스럽게 의과대학 입학정원을 2025년부터 매년 2,000명이나 증원하겠다고 나서고 있다. 현재 정원 3,058명을 무려 65퍼센트를 증원하겠다고 하니 의료계가 놀랄 수밖에 없다. 정부는 의료개혁을 단행하겠다면서 의과대학 입학생의 증원을 포함하여 소위 '필수의료'의 공급을 차질 없이 하겠다는 '필수의료 정책패키지'와 건강보험의 정책도 개혁하여 지금까지의 문제점을 일거에 해결하겠다고 자신만만하게 나서고 있다.

의사의 부족이 여러 가지 문제를 야기할 수 있다. 우리나라는 OECD 통계에 기초한 인구 1,000명당 의사 수가 가장 적은 국가로 분류된 것은 어제 오늘의 일이 아니다. 그렇지만 오늘날 의료현장에서 벌어진 지방의 의사 부족이나, 일부 과의 전문의는 물론 전공의도 구하기 어려운 일이나, 응급환자가 골든타임을 놓쳐 사망하는 일이나, 연봉 4억 원을 제공하겠다는데도 의사가 없는 일들이 과거에는 거의 없었다는 점이다. 따라서 의료현장에서 벌어지는 모든 현상의 원인을 의사 부족으로 치부하기에는 너무 논리가 단순하다.

지금까지 우리나라 의료체계가 좋아 미국과 같은 국가에서도 높이 평가하고 있다는 자부심은 어디로 가고 갑자기 골치 아픈 분야로 전락하게 되었는지 국민은 어리둥절할 따름이다. 필자는 저서나 이슈페이퍼를 통해 우리나라 의료체계의 문제점을 분석하고 이대로 두면 2030년대 중반쯤이면 붕괴할 것이라는 우려와 함께 여러 가지 각도에서 제도의 개혁을 주장했는데 이러한 주장에 귀도 쫑긋하지 않던 정부가 태도를 바꿔 개혁을 주장하고 있어 다행스럽다. 그러나 개혁의 방향에 대해서는 전혀 수긍하기 어렵다.

의료보장제도는 의료의 사회화를 전제로 하는 제도이다. 따라서 의료의 사회화가 나아가는 정책이 어떤 것인지는 유럽 의료보장국가들의 정책을 보면 잘 알 수 있다. 우리 정부가 추구하는 개혁은 의료 사회화를 추진하는 것이 아니라 여전히 자유방임적인 시장형 의료체계에서 벗어나지 못하고 있어 개혁이라는 말을 붙이기도 어렵다. 사회보험방식을 포기하고 개혁을 한다면 시장형 의료체계를 유지하는 것이 맞지만, 사회의료보험을 유지하려면 용어와 일치되게 의료의 사회화를 전제로 개혁을 해야만 올바른 개혁이 가능해지기 때문이다.

　제도를 개혁하려면 우리나라 의료체계상의 문제점부터 먼저 살펴보고 이를 토대로 정책을 수립해야 한다. 그러나 필자가 보기에는 정부가 내놓은 문제의 진단이 매우 단순해 보인다. 이유인 즉, 의료계획도 없이 의사가 10년 후에는 10,000명 이상이 부족하다는 판단에서 의과대 입학정원을 대폭 늘리는 것이나, '필수의료' 문제가 왜 발생했는지에 대한 원인 분석도 제대로 하지 않고 '필수의료 정책패키지'에 대한 정책을 수립하거나, 지방에 왜 의사가 모자라는지 원인을 분석하지도 않고 무조건 의사 수를 증가시키면 낙수효과로 지방에 의사가 배치될 수 있다라든가, 의과대학을 늘리고 의사의 일정 비율로 지방에 의무적으로 배치하면 지역의료가 회생할 것이라는 장밋빛 희망을 목표로 하는 정책이 실현 가능성과는 멀어 보이기 때문이다.

　필자는 지금까지의 연구를 바탕으로 우리나라 의료정책이 지향하고 있는 올바른 방향을 제안하기 위해 먼저 우리나라 의료체계의 문제점부터 분석할 것이다. 큰 문제점을 먼저 제시하고 각 문제에 따른 구체적 내용이나 대안은 별도의 장(章)에서 설명할 참이다.

첫째, 의료가 지나치게 영리화되어 건강보험제도를 위협하고 있다.

　사회보험제도를 운영하는 기본원칙은 건강보험의료를 제공하고 여기에서 초과이윤을 얻어서는 안 된다는 것이다. 우리나라는 2000년 7월 건강보험제도를 하나로 통합하기 이전에는 이와 같은 원칙을 비교적 충실히 지켜왔다. 그러다 통합을 위해 제정된 「국민건강보험법」에 느닷없이 비급여서비스 제공을 허용함은 물론 급여서비스와 비급여서비스를 같이 제공할 수 있는 혼합진료가 가능하도록 했다. 그리고 「의료법」을 개정하여 비급여서비스의 가격을 의료기관이 자율적으로 책정할 수 있게 함에 따라 의료가 영리화가 될 수 있는 토대를 정책으로 뒷받침해 주었다. 이 같은 조치는 사회보험인 건강보험제도의 근본을 허물고 급기야는 의사들의 수입이 상대적으로 높은 전문과나 개업으로 쏠리는 현상을 초래하여 오늘날 의료체계의 제반 문제를 촉발시키는 촉매제가 되고 말았다.

둘째, 공공의료를 잘못 정의하여 의료정책이 오도되고 있다.

정부는 2000년에 의료보장제도를 운영하는 어느 국가에서도 볼 수 없는 「공공보건의료에 관한 법률」이라는 한국형 법률을 제정하여 공공병원만이 공공보건의료를 생산한다고 정의하는 큰 잘못을 저질렀다. 의료보장제도란 보험료와 정부 재정지원이라는 공적재정으로 운영하는 제도이기 때문에 모든 국가들은 의료보장 의료를 공공의료로 정의한다. 유럽의 의료보장국가들은 공적재정으로 제공하는 의료가 당연히 공공의료이기 때문에 별도의 법률을 제정하지 않는다. 그러나 우리나라는 의료보장제도를 단순하게 재정만 공동으로 조달하는 것으로 한정했기 때문에 민간의료기관은 정부 관리와 무관한 것으로 판단하여 갈라파고스식의 법률인 「공공보건의료에 관한 법률」을 제정하는 우를 범했다.

필요 없는 법률을 제정하여 우리나라의 의료정책은 주로 공공병원을 위주로 수립하여 의료자원의 대다수를 점유하는 민간의료기관을 제외시켜 정부 스스로 의료정책의 수립이나 집행에 족쇄를 채우는 결과를 초래하게 되었다. 그래놓고 의료정책의 집행에 문제가 생기면 복지부는 "공공의료가 제대로 없기 때문"이라며 핑계를 일삼고 있다. 예컨대 지방에 의사가 부족한 이유를 찾으라면 "공공의료가 없어서"라는 핑계를 대기도 하고 의료기관의 비급여서비스에 대한 가격이나 진료비 총액을 조사할라치면 민간의료기관으로부터 "정부가 의료 사회화를 추구하느냐" 등의 반발을 사는 우스운 일도 벌어지고 있다.

셋째, 의료의 지역화가 안 되어 의료자원이 수도권에 집중하고 있다.

의료의 지역화는 의료보장제도를 운영하는 거의 모든 국가에서 시행되고 있다. 의료의 지역화가 안 되면 의료자원이 지역간에 불균등하게 분포되어 모든 국민의 형평적인 의료 이용을 불가능하게 만들기 때문이다. 이러한 취지를 깨달은 정부는 1989년 7월 전국민건강보험의 실시와 함께 의료의 지역화 개념을 도입하여 진료권 설정과 함께 환자의뢰체계를 강력히 실시했다. 진료권은 전국을 140개의 중진료권과 8개의 대진료권으로 구분하여 환자들이 의료기관을 단계적으로 이용하도록 유도함에 따라 전국민건강보험으로 늘어나는 의료 이용이 특정 지역으로 쏠리는 현상을 방지하려 했다.

그러나 애석하게도 지방에 거주하는 주민들은 당장의 불편을 참지 못해 불만을 토로했고, 의료보험조합을 하나로 통합하려는 운동이 1988년부터 본격화되면서 당시 조합방식에 대한 비판이 거셌다. 조합방식에 대한 비판 중 하나는 진료권 설정과 이에 따른 의료 이용의 형평성에 대한 것이었다. 즉, 서울과 같은 대도시 주민은 쉽게 빅 4 혹은 빅 5 병원을 이용할 수 있는데 지방에 거주하는 주민은 여러 단계를 거쳐야 하는, 이용상의 형평성 문제가 제기되면서 근본 원인이 보험을 조합단위로 관리하기 때문이라는 비판을 하였다. 결국 당시 정부는 이 같은 비판에 굴복하여 1995년 8월 대진료권을 철폐하여 의료의 지역화 개념을 약화시키기 시작했다. 그러다 1998년 10월에 지역의료보험조합이 하나로 통합되어 지역의료보험조합이 없어지고, 의료보험관리공단이라는 단일조직이 등장함에 따라 중진료권도 폐지하여 의료의 지역화는 완전히 포기하게 되었다.

건강보험 통합의 열풍으로 진료권을 폐지함에 따라 의료 이용이 수도권으로 집중하게 되었다. 환자가 수도권으로 몰려들자, 의료자원도 환자를 따라 이동하여 수도권 집중을 초래하게 되었다. 진료권 폐지는 지역의료의 붕괴로 연결되어 오늘날 지방에 거주하는 주민들의 의료 이용을 어렵게 하고 있다. 진료권 제도를 폐지하지 않고 지금까지 유지해 왔다면 현재의 지방의료 붕괴 같은 일은 결코 벌어지지 않았을 것이다.

넷째, 민영보험에 대한 정책적 무관심이 의료기관 영리화의 온상이 되고 있다.

민영보험에 대한 무관심이 실손보험이라는 특이한 형태로 제공될 수 있어 의료 이용의 과다와 의료의 영리화를 부채질하고 있다. 실손보험은 건강보험이 도입되기 이전부터 있었으나, 건강보험을 통합하기 이전에는 비급여서비스 제공이 통제되었기 때문에 가입자가 그리 많지는 않았다. 그러다 건강보험이 통합되고 비급여서비스가 공인됨에 따라 보험업계에서는 실손보험에 주목하게 되었고, 2003년부터 손해보험이나 생명보험 회사가 실손보험을 제공하게 되어 우리의 생활에 가까이 다가왔다. 실손 보험 가입자는 해가 갈수록 증가하고 있다. 실손보험 가입자는 그렇지 않은 사람들에 비해 의료 이용을 늘릴 수 있어 건강보험 재정에도 악영향을 미칠 뿐 아니라 비급여서비스 이용에 대한 비용부담이 적어 의료의 영리화를 부채질할 수도 있다. 실손보험은 경제부처가 감독하는 탓에 복지부로서는 건강보험의료의 이용을 부추기고 의료 영리화의 한 원인이 되고 있으나 속수무책인 문제점도 있다.

다섯째, 건강보험의료를 사적재화로 간주하여 의료보장제도의 근간이 붕괴되었다.

의료를 기본권으로 간주하여 국가가 법으로 모든 국민을 강제 가입시키는 의료보장제도가 제공하는 의료는 당연히 공공재가 된다. 우리나라에서는 이와 같은 원리를 이해하지 못하는 학자들이나 정책담당자들이 의료를 사적재화로 간주하여 의료 사회화를 정면으로 부인하는 문제가 있다. 그런데 기가 막히는 것은 의료가 사적재화인 경제재로 간주하는 사람들이 의료에 대한 정부 규제의 타당성을 강하게 주장하고 있다는 점이다. 이들은 사적재화에 대해 정부가 규제를 한다는 것이 무엇인가 비논리적이라 생각되었는지 '의료를 공공성이 강한 사적재화'라는 비논리적 표현을 동원하고 있다.

아무리 '공공성이 강한'이란 표현을 동원하더라도 의료서비스는 사적재화이기 때문에 배분을 온전히 시장에 맡겨야 하고, 정부의 규제도 면허제도와 같은 최소한의 규제를 하는 게 타당하다. 그러나 법을 제정해 전 국민을 건강보험에 강제로 가입시키고, 의료서비스 제공을 정부가 설립한 보험자가 담당하고 수가도 정부가 통제하는데도 의료를 사적재화로 간주한 것은 정책의 부정합성을 야기하는 심각한 문제가 된다.

즉, 의료보장제도란 의료의 사회화를 도모하는 것인데 의료를 사적재화로 간주하여 민간병원에 관한 정책도 제대로 세우지 못하고 진료권도 해체하고 비급여서비스도 제공하여 건강보험의료를 영리화가 되도록 한 것은 정책의 부정합성이 빚은 결과라 하겠다.

여섯째, 건강보험에서 환자를 구매자로 착각하고 있다.

의료보장제도가 도입되면 환자들은 의료에 대한 가격 인식이 없어진다. 의료보장 적용자가 가격을 인식하지 않는다는 것은 가격을 거의 제로(0)로 인식한다는 의미가 되어 의료 수요는 거의 무한정이 된다. 이렇게 되면 심각한 모럴 헤저드가 일어나 보험재정을 무한정으로 요구하기 때문에 모든 의료보장국가들은 서비스 배분을 시장의 수요를 토대로 하지 않고 있다.

의료서비스 배분을 수요에 맡길 수 없다면 어떻게 할까? 모든 의료보장국가들은 서비스 배분을 필요도(needs)를 토대로 하고 있다. 필요도를 기준으로 하는 서비스 배분 방법을 유럽 국가들은 '배급 (rationing)'이라 한다. 이와 같은 배급제에서는 환자는 구매자 기능을 하지 못하고 보험자(재정조달자)가 구매자가 된다. 따라서 구매자인 보험자는 공급자로부터 건강보험서비스를 구매하여 환자가 필요할 때 이를 배분(배급)하는 것이다.

이와 같이 필요도 접근에 의해 서비스가 배분되면 구매자의 역할이 중요해진다. 그래서 전략적 구매이론이 등장하고 있다. 전략적 구매란 보험자를 서비스의 구매와 배분에서 시장이 하는 기능과 유사하게 작동시켜 환자의 반응성을 높이고, 의료체계의 효율성도 높일 수 있는 기능을 갖게 하는 원리다. 전략적 구매를 위해 보험재정은 통합하여 하나로 하지만 구매 및 배분 기능은 분권화된 질병기금을 두어 경쟁을 유도한다. 우리나라는 환자를 구매자로 착각하기 때문에 구매이론이 없다. 따라서 건강보험 통합도 매우 단순한 논리로 재정만 통합하면 되는 것으로 오해하여 보험공단이 구매자 기능을 해야 하는 것도 모르고 보험자를 하나로 만들어 비효율을 자초한 것이다.

일곱째, 의료보장제도에서 서비스 배분을 시장에 일임함에 따라 의료계획이 없다.

의료보장제도에서는 의료서비스의 배분을 시장에 맡길 수 없기 때문에 모든 의료보장국가들은 의료계획을 수립한다. 의료계획에는 국민에게 어느 정도의 의료를 공급할 수 있을 것인지, 그 정도로 공급을 원활히 하기 위해서는 자원(의료인력이나 병상)은 어느 정도 확보해야 하는지 등을 포함한다. 우리나라도 「보건의료기본법」에 매 5년 단위로 보건의료발전계획을 수립하도록 규정했다.

그러나 건강보험의료를 사적재화로 간주하고, 의료의 구매자를 환자로 간주하여 소비자 시장이 있는 것으로 착각을 함에 따라 의료서비스 배분이 시장에서 이루어지는 것으로 믿게 되었다. 이렇게 되니 의료계획의 필요성을 느끼지 못한 것이다.

의료계획도 없이 의료정책을 수행하다보니 의사 수가 적정한지 병상 수가 적정한지 알 수가 없다. 그렇게 지내다 의사의 부족에 따른 여러 가지 문제가 불거지니 의과대학 입학생 65퍼센트 증원 같은 정책이 불쑥 튀어나와 의료계는 "65퍼센트 증원의 근거가 무엇이냐" 고 따지면서 파업이 일어나도 정부는 이들을 설득할 논리도 없는 문제가 일어나고 있는 실정이다.

여덟째, 의료정책을 뒷받침할 이론이 빈약하다.

유엔은 세계인권선언에서 의료가 인간의 기본권이라고 선포했다. 따라서 산업화 국가들은 대부분 법률로써 의료를 보장하고 있다. 법률이 뒷받침되는 의료보장을 가장 쉽게 할 수 있는 방법이 환자들이 의료수가를 인지할 수 없도록 만드는 것이다.

환자가 의료의 가격을 인지할 수 없도록 하려면 종래와는 다른 서비스 배분 방법이 필요한데, 결국에는 필요도로 의료를 배급한다는 것이다. 하지만 우리나라는 1977년 사회보험방식의 건강보험제도를 도입하고도 의료시장은 보험제도가 도입되기 이전의 상태를 그대로 유지함에 따라 오늘의 문제가 발생하는 근본적인 원인이 되었다.

의료보장제도가 도입되면 의료의 성격은 어떻게 되는지, 의료보장제도가 의료의 사회화를 추구하는 것이라면 사회주의 의료와는 어떠한 차이가 있으며, 왜 환자는 구매자가 될 수 없으며, 서비스 배급은 어떻게 하며, 배급을 위한 필요도는 어떻게 설정하며, 배급제에서 환자의 만족도는 어떻게 충족시킬 수 있으며, 의료의 가격이 공급자에게는 왜 중요하며, 공급의 효율성은 어떻게 제고할 것인지 등의 질문에 제대로 답을 할 수 있는 이론이 정립되어 있지 못하여 오늘의 문제가 불거지게 된 것이다.

아홉째, 전문성이 결여된 일반적 상식으로 의료정책을 운영하고 있다.

의료보장제도하의 의료정책은 경제정책 못지않게 전문적인 지식을 갖춘 정책가를 필요로 한다. 앞서 본 바와 같이 의료분야의 제반 문제에 대해 전문적인 이론을 정립하지 못함에 따라 의료정책을 전문성이 결여된 상식적 지식인들이 수립하고 있다. 의료보장제도가 도입되기 이전에는 의료가 일반적 시장과 유사한 의료서비스 시장에서 거래가 이루어지고 있었으니 건전한 상식을 갖춘 인사가 다루어도 상관이 없었다. 즉, 당시 의료시장은 일반적인 재화시장과 달리, 경쟁이 불완전한 데다 시장실패 요소가 있어 경쟁시장의 불완전성이나 시장실패에 관한 이론을 배운 경제학자도 다룰 수 있었다.

그러나 의료보장제도가 도입되면 의료의 성격이 일반적 재화에서 공공재로 바뀌게 되고 배급을 통해 서비스가 배분되어야 하며, 의료 사회화를 초래하기 때문에 일반적 경제이론만 갖춘 사람들이 다루기는 쉽지가 않다. 현재 당면한 의료문제도 근본적인 원인은 의료 사회화에 대한 인식이 없고, 수요를 토대로 하는 시장이 있다고 여겨 정책을 다루기 때문에 의료 이용률이 세계에서 가장 높다는 데 있다. 이럴 경우, 이용률을 낮추는 정책이 있어야 제대로 된 해법에 접근할 수 있을 터인데 이론이 없는 문외한들이 정책을 다루다보니 걸핏하면 수가 인상을 들고 나와 기본적인 수가 틀이 헝클어지고 문제를 더 복잡하게 만들었다.

특정 전문과의 의사 부족이나 지방의 의사 부족 같은 문제는 한 가지 원인으로 발생한 것이 아니다. 하지만 이번에도 대책은 의과대학 입학생수 증가와 수가 인상이 제시되고 있다. 이러한 처방이 조금은 도움이 되겠지만 장기적으로는 수가 구조를 뒤틀어 다른 부작용을 발생시킬 우려가 있다.

열째, 전문성 부족 탓에 미국형 정책을 참고하여 의료정책을 수립하고 있다.

미국과 우리나라는 의료보장제도가 다르다. 미국은 의료 사회화에 반대하는 합의(consensus)가 이루어진 국가로 우리나라와는 근본적으로 다른 시스템을 운영하는 국가다. 먼저 병원시스템을 보면 우리나라 병원은 모두 폐쇄형으로 의사들이 병원에 봉직하여 운영되는 반면, 미국은 개방형이 되어 의사가 병원에 상근하지 않는 제도이다. 그리고 진료비 지불제도에서도 차이가 많다. 미국은 사회보험에 속하는

Medicare, Medicaid는 물론 민영보험도 의사에 대해서는 행위별수가로, 병원에 대해서는 DRGs로 진료비를 지불하고 있다.

미국은 1983년 Medicare에서 병원의 진료비 지불을 일당진료비에서 DRGs 방식으로 바꿈에 따라 입원일수를 단축시켰다. 입원일수 단축은 병원의 생존을 위협하게 되어 이에 대한 자구책으로 병원의 수평적 내지는 수직적 통합이 일어났다. 또한 1980년대 초반에는 「반독점법」의 강화로 HMOs가 성장하게 된다. HMOs와 함께 PPOs 등이 등장하면서 경쟁원리가 강조되었다. 특히 상병구조가 만성병 구조가 되면서 의료의 연속성이 강화됨에 따라 관리의료(managed care)에 의한 통합의료가 강조되었다. 이에 미국 의회의 Medicare 지불자문위원회는 통합의료모형으로 책임의료조직(이하 ACO)과 가정의료(Medical Home), 그리고 통합의료를 뒷받침하는 묶음형 지불(bundled payment)을 추천하게 된다. ACO나 묶음형 지불제도는 병원이 개방형이 되어 의사서비스와 병원서비스가 분리되어 제공될 때 필요하지만 우리나라처럼 의사가 병원의 봉직의로 일할 경우에도 적용할 수 있는지 따져봐야 한다.

우리나라의 많은 전문가들은 이와 같은 특성을 이해하지 못하고 의료개혁에 관한 이야기가 나오면 ACO나 가치기반 지불제도(value based payment)인 묶음형 지불(bundled payment)의 도입을 주장하고 있다. 우리 현실과 맞지 않은 이러한 제도가 도입되었을 때 어떤 문제가 야기될지도 따져봐야 할 일이다.

미국의 통합의료는 재정조달과 의료공급의 통합인 반면, 유럽에서

의 통합은 의료(cure)와 돌봄(care)의 통합이다. 고령화가 가속화되고 입원 이용이 많은 우리나라는 유럽형의 통합의료가 적합하다. 유럽형 통합의료는 의료와 사회서비스의 통합을 통해 병원 입원을 줄이고 대신 지역사회에서 의료와 돌봄서비스를 같이 받을 수 있는 커뮤니티 케어로 발전했다.

이렇게 된 이유는 의료정책분야에 종사하는 정책담당자나 자문을 하는 전문가들이 주로 미국에서 공부를 해 미국식 정책에 익숙하기 때문이다. 앞에서 잠깐 언급한 바와 같이 미국은 전 국민 의료보장이 안 된 국가로(Medicare 및 Medicaid 적용자외는 오바마케어에 의하여 대부분 국민들은 민영보험에 강제 가입하게 되어 있음) 민영보험이 지배하는 의료시장이 존재한다. 이런 국가의 의료정책 패러다임은 우리나라 같이 전 국민의 기본권으로 의료가 보장된 국가와는 전혀 다르다. 따라서 우리나라는 미국과 근본적으로 다른 정책 패러다임이 요구된다. 그러나 의료정책분야에 종사하는 많은 관료나 전문가들은 우리나라도 의료시장이 있는 것으로 착각하여 미국식의 정책을 선호하기 때문에 현실에 적합한 정책을 수립하지 못하고 있다.

열한째, 재정조달의 원리도 이해하지 못하고 건강보험을 통합하여 혼란을 자초했다.

건강보험제도에서 보험료로 재정을 조달한다는 것은 사회연대원리에 기초하고 있다. 사회연대는 경제적 능력(소득)을 기준으로 달성할 수도 있고 지역사회단위로 보험료를 부과하는 방법(community rating)으로 달성할 수도 있다.

먼저 경제적 능력(소득)을 기준으로 하는 경우는 합리적 방법으로 정확한 소득신고가 전제되어야 한다. 근로자는 소득을 신고하면 사업장에서 1차적으로 신고의 정확성을 검토하게 된다. 지역주민은 농민이나 어민 같이 사업장 번호도 없이 생업에 종사하고 있어 소득신고를 할 수 없는 사람도 있고, 상업에 종사하는 사람들은 소득을 신고하더라도 1차적으로 검토하는 사람이 없어 세무서에서 정확성을 검토해야 하는 탓에 신고소득의 정확성을 보장하기 어렵다. 근로자는 경제력을 기준으로 보험료를 부과해도 아무 문제가 없으나, 자영자를 포함한 지역주민은 신고소득이 부정확하여 경제적인 능력을 기준으로 보험료를 부과하기가 어렵다. 이때 사용할 수 있는 방법이 지역사회부과방법이다.

건강보험 통합론이 등장할 때 지역사회부과방법에 대한 이해가 부족한 당국은 건강보험을 통합하면 전 국민에게 단일 보험료의 부과방법을 고안할 수 있다고 착각하여 통합을 밀어붙였다. 하지만 통합을 해도 지역주민은 소득신고가 제대로 안 되기 때문에 단일의 부과방법 개발은 실패하여 오늘에 이르고 있다. 지역사회부과방법은 전국적으로 적용할 보험료 부과 모형을 만들 수가 없다. 그럼에도 통합 후 지역주민에 대해서는 소득이라는 단일 잣대가 없어 합리적 부과가 어려운데도 시·군 단위로만 사용 가능한 지역사회부과방법을 변형하여 전국 단일 잣대로 사용했기 때문에 부과체계가 엉망이 되고 말았다. 논리적인 틀이 없는 보험료 부과방법을 동원하여 지역주민에게 여태 보험료를 부과하고 있으니 한심하기 짝이 없다.

열두째, 의료보장제도를 운영하면서 이념 설정도 하지 못하고 있다.

의료보장과 같은 사회보험제도를 도입할 때, 제도의 이념을 설정하는 것이 매우 중요하다. 이념 정립을 하지 못할 경우에는 제도와 관련된 제정의 조달이나 의료 이용 같은 제도의 활용에 따른 규제 등에 대해 적용자의 순응을 이끌어 내는 것이 쉽지 않다.

의료보장제도가 처음 등장했을 때 비스마르크의 질병보험은 사회연대(social solidarity)를 이념으로 했다. 이러한 이념에 따라 보험료는 소득에 정률로 부과하여 소득이 높은 사람은 보험료를 더 내도록 하고, 의료 이용은 누구나 동일한 조건으로 하도록 했다. 그리고 질병보험을 관리하기 위해 기존에 있던 공제조합과 같은 자발적 기구들은 해산시키고 질병기금을 새로 조직하여 적용대상자들을 강제로 가입시켰다. 사회연대라는 이념에 근로자는 물론 사용자도 모두 승복했기 때문에 제도 운영에 반발이 적어 질병보험의 사회적 수용성이 높았다.

영국으로 넘어간 비스마르크 보험은 독일과 다소 다른 형태를 취했다. 보험료 부과는 정액으로 했다. 보험 관리에 대해 독일은 법에 따라 질병기금을 새로 조직하고 대상자를 강제 가입시키는 방법을 택했다. 반면 영국은 기존의 공제조합이 질병보험을 취급하겠다고 신고하면 당국이 인가하는 방식의 인가조합(approved society) 형태였다. 그러다 보니 기존 조합의 구성원이 그대로 이어져 사회계층별로 질병기금이 구성되었고 가입자 사이의 형평성 문제가 불거짐에 따라 제도의 수용성은 독일에 비해 낮았다.

그리하여 영국은 질병보험에 대한 개혁을 위해 베버리지위원회가 구성되고 1942년에는 『베버리지 보고서』가 발간되었다. 이 보고서는 의료를 기본권 개념으로 접근하여 모든 사람은 경제력에 관계없이 포괄적인 서비스를 받아야 한다고 주장했다. 모든 국민을 경제력에 관계없이 포괄적인 서비스를 제공하기 위해서는 사회보험방식보다는 국가의 일반재정으로 의료를 보장하는 것이 용이하다고 판단했다. 이에 영국은 정부 재정으로 하는 국영의료제도(National Health Service, 이하 NHS)를 고안하여 1948년 7월부터 시행했다.

같은 해 12월 유엔총회는 세계인권선언(Universal Declaration of Human Rights)에 의료를 기본권의 하나로 선포한다. 이 선언이 발표된 이후 의료보장제도가 없던 국가들도 기본권 이념에 따라 의료보장제도를 도입하여 산업화 국가들은 대부분 건강보험제도를 도입하거나 공영의료제도를 갖추게 되었다. 건강보험제도를 갖춘 국가 가운데 독일은 제도의 이념을 사회연대로 계속 유지하지만 프랑스 같은 국가는 제2차 세계대전 이후 건강보험제도를 재건하는 과정에서 베버리지의 이념을 받아들여 기본권 이념을 중시하고 있다. 기본권 이념도 사회연대라는 이념 속에 포괄적으로 받아들이고 있다.

우리나라는 1977년 건강보험제도를 도입하면서 제도의 이념이 중요하다는 인식도 없이, 경제가 성장해 이제 의식주 문제는 해결했다는 생각으로 건강보험을 '국민에 대한 복지시혜'라는 입장에서 제도를 들여왔다. 건강보험을 도입한 지 46년이 지난 오늘날까지 시혜적 입장을 견지한 까닭에 의료의 사회화는 생각도 못하고 있다. 그 결과 정부는 국민들이 의료 이용을 세계에서 가장 많이 하는데도 이용을 늘리는 것이 국가의 의무인 양 착각을 하고 있다. 그뿐 아니라 진료권 설정과 환자의뢰체계의 강제화 같은 이용억제 정책은 건강보험 통합과 함께 폐기하고 말았고, 소위 전문가라는 학자들은 건강보험의료가 공공재가 아니라 사적재화로 주장하고 공공의료를 별도의 법으로 정의하는 등의 사회보험국가의 정책과 어긋나는 정책을 추구하여 작금의 문제를 만들고 있다.

정부나 전문가들도 이념 설정을 하지 못하고 있으니, 국민들은 건강보험제도를 단지 재정만 공동으로 사용할 뿐, 의료 이용과 관련해서는 자유시장과 같은 것으로 착각을 하고 있다. 이러한 상황에서 과연 우리 국민들이 건강보험제도를 누릴 자격이 있을지 의구심마저 든다. 미국은 의료에 관한 이념으로 규범적 이념, 합리주의 이념, 신보수주의 이념 같은 것으로 설정해왔다. 규범적 이념은 사회의료보험을 도입할 때 적용하는 것인데 1935년 미국 의사회가 이를 거부함에 따라 미국은 합리주의 및 신보수주의 이념을 토대로 의료정책을 수립하고 있다. 우리나라의 전문가 및 의료정책을 담당하는 관료들은 우리나라는 규범적 이념에 의하여 건강보험제도가 도입되었음에도 불구하고 미국형의 합리주의 이념에 따라 정책을 수립하는 경향이 있다. 그러다 보니 의료정책이 의료보장제도와 조화를 이루지 못하는 문제가 있다.

앞서 언급한 내용은 필자의 독창적인 문제 제기가 아니다. 유럽의 의료보장제도를 유지하고 있는 국가들의 정책에 비추어서 한국형 제도로 변형함에 따라 불거진 문제를 밝힌 것이다. 앞으로 제대로 된 의료정책을 수립하려면 앞서 제기한 문제들의 해결책을 찾는 데서 출발해야 할 것이다.

정부는 이러한 문제는 해결하지 않고 느닷없이 의과대학 입학 증원이나, '필수의료'를 살린답시고 특정 분야의 의료수가 인상 같은 정책을 추진하고 있다. 하지만 그런 전략은 문제를 더욱 꼬여들게 만들어 마치 허우적거릴수록 빠져나오기 힘든 늪에 빠진 것과 같아 경상의료비만 급증시킬 것이다. 따라서 10년 후인 2030년대 중반에는 어떤 광경이 펼쳐질까? 한국형 의료보장제도가 재정위기로 붕괴되어 건강보험제도가 아닌 전혀 새로운 의료체계를 모색해야 할지도 모를 일이다.

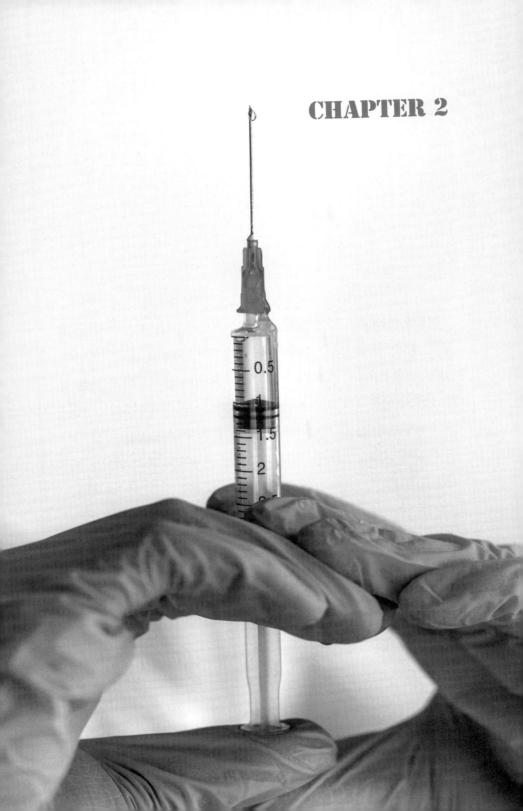

CHAPTER 2

이념 부재의 의료보장제도 운영

새로운 사회제도를 도입할 때는 그 제도가 처음 등장하게 된 배경과 그것이 갖는 이념, 그리고 발전과정 등을 면밀히 검토할 필요가 있다. 그러나 우리나라는 1977년 건강보험제도를 도입하기 위한 정책 결정이 불과 1년 10개월 전에 매우 다급하게 이루어졌다. 그러다 보니 의료보장제도의 이념이나 의료제도에 미칠 영향 등을 따질 시간적 여유가 없었다. 그리고 제도가 도입된 이후에도 유럽 의료보장국가들의 변화하는 개혁 동향에 대한 정보의 부족으로 이념의 정립은 생각하기 어려웠다.

1. 의료보장제도의 이념

1) 사회연대 이념과 비스마르크 질병보험

1883년 독일은 중세시대부터 존재하던 직인조합이나 길드의 상호공제와 같은 기능을 배경으로 질병보험제도를 출발시켰다. 비스마르크의 질병보험제도는 도입할 당시 명시적인 이념을 설정하진 않았으나 과거 상호공제조합들이 대상자를 강제 가입시킬 때 내세운 사회연대라는 원칙을 자연스럽게 이어받아 그것이 이념적인 토대가 되었다. 상호공제조합은 사용자에 의해 주도되었지만 사회적 연대를 토대로 자치경영 원칙이 초기 단계에서부터 성립되었다. 특히 위험도가 높은 직종의 사용자는 근로자들에게 보험급여를 제공하기 위해 정기적인 기여금(보험료)을 근로자와 함께 부담했다. 그리고 기여금의 크기는 위험이 아니라 근로자의 임금을 기준으로 하는 개념으로 발전했다. 이러한 배경으로 독일의 질병보험은 근로자들의 강제 가입과 기여금 부담을 통해 사회연대를 실현하도록 구조화되었다.

유럽 의료보장제도 연구의 권위자인 Busse 등은 비스마르크 질병보험 135주년 기념 논문[4]에서 오늘에 이르기까지 독일 사회의료보험의 지배적인 이념은 사회연대[5], 강제적용 그리고 자치경영이라고 강조하고 있다.

첫 번째 이념인 사회연대를 위해 비용부담과 의료 이용은 서로 다른 기준이 적용된다. 즉, 비용부담은 가입자의 경제능력을 토대로 하는 보험료로 하지만, 의료 이용은 보험료의 크기가 아니라 건강상 필요도를 기준으로 하게 된다. 이러한 조치는 보험료의 크기에 따라 의료 이용을 허용하는 민영보험과는 다른 특징이다.

---

4 Busse R, Blümel A, Knieps F and Bärnighausen T (2017), Statutory health insurance in Germany: a health system shaped by 135 years of solidarity, self-governance, and competition, *The Lancet*, 390: 882-897.

5 독일 건강보험제도는 조세가 보험재정에서 차지하는 비율이 10퍼센트에도 미치지 못한다. 따라서 독일 건강보험제도의 이념을 사회연대라고 주장해도 무리가 없다.

두 번째 이념인 강제적용은 법적 대상이 되면 가입자뿐 아니라 사용자도 해당된다. 보험료도 가입자뿐 아니라 사용자에게도 일부를 강제적으로 부담하도록 한다는 것이다.

세 번째 이념인 자치경영은 보험관리 조직인 질병기금이 가입자 대표들의 참여하에 자율적으로 관리될 뿐 아니라 의료공급자인 의료기관 역시 자율적으로 운영되고 있다는 점을 들고 있다. 특히 Kieslich는 독일에서 2004년에 설립된 GB-A(Fed. Joint Committee)가 공급자 대표와 질병기금 대표들의 참여로 운영되는 것도 자율경영의 사례로 간주하고 있다.[6]

2) 기본권 이념과 NHS(정부 공영의료제도)의 등장

1880년대 비스마르크 질병보험이 도입될 당시는 의료기술 수준이 매우 낮아 환자가 의사를 찾아도 제공할 수 있는 의료서비스는 극히 제한되었다.[7] 그래서 질병보험은 병을 치료하는 의료비 부담 기능보다는 상병수당을 지급하는 기능이 중심이었다. 근로자들이 병에 걸려 일을 하지 못하면 무노동 무임금 원칙에 따라 임금이 지불되지 않아 생계가 위험에 빠지는 것을 방지하기 위해 상병수당제도가 있었

---

6 Kieslich K (2012), Social values and health priority setting in Germany, *Journal of Health Organization and Management*, 26(32): 374-383.

7 당시 의학으로 치료할 수 있는 질병이 매우 제한적이었을 것으로 추론할 수 있는 것은 당시의 평균수명이다. 1871년에서 1880년간 독일 국민들의 0세에서 기대수명을 보면 남자가 35.58세, 여자는 38.45세로 기록에 나타나고 있다 (Twarog S (1997), Heights and living standards in Germany, 1850~1939, In: Steckel GH and Floud R eds, *Health and Welfare during Industrialization*: 285-330, National Bureau of Economic Research, Chicago: The University of Chicago Press).

다. 1900년대 이후 의료기술의 발전으로 의사들이 환자에게 제공할 수 있는 의료서비스의 종류가 늘어나게 되자, 의료비 부담도 높아져 무임금보다는 치료비 부담이 근로자들의 생계를 위협하는 주된 요인이 되었다.[8] 그래서 1885년 독일은 보험급여 가운데 상병수당의 비중이 무려 63퍼센트였다가 1925년에는 50퍼센트로 낮아지고 그 대신 의료비 지출의 비중이 높아지게 되었다.[9]

영국은 독일에 비해 거의 100년 정도 앞서 산업혁명이 시작되었기 때문에 상대적으로 부유했고, 근로자들의 생활도 안정적이어서 사회보험의 필요성을 느끼지 못했다. 영국도 1900년을 전후하여 빈곤 인구가 사회적 문제로 대두됨에 따라 사회보장의 필요성을 인식하여 1911년 비스마르크형 질병보험이 포함된 국민보험[10]을 실시하게 되었다. 그리고 질병보험에서 의료서비스 제공과 관련하여 의사들에 대한 진료비 지불을 인두제로 했다.

1920년대 이후 영국은 국민보험(질병보험과 실업보험을 포함)의 개혁을 요구하는 제안들이 쏟아졌는데, 의사와 국민(가입자) 모두 국민보험에 대한 불만이 커졌기 때문이다. 의사들은 인두제의 수가 인상이

---

8   현대적 의학의 출발을 언제로 볼 것인가에 대한 견해는 다양하다. Torrens는 1990년대 이후로 간주하고 있는데 이 당시 Johns Hopkins University에서 새로운 의과대학을 개교함으로써 의학이 굳건한 과학적 근거를 갖게 되었음을 이유로 제시하고 있다. Rice 등은 1910년 미국에서 Flexner Report 발간을 계기로 미국의 의학교육이 체계화 된 것을 출발점으로 간주하고 있다. Fox는 의료서비스의 조직화라는 관점에서 1920~30년대를 출발점으로 제시하고 있다.

9   Busse R and Blümel M (2014), Germany health system review, *Health Systems in Transition* 16(2), European Observatory on Health Care Systems and Policies, Copenhagen: WHO Europe.

10   영국 국민보험은 강제적인 질병보험에 실업보험을 포함하였다.

인플레이션에 미치지 못한 데 대한 불만이 많았다. 가입자들은 질병보험제도가 갖는 제도상의 형평성으로 인해 보험급여가 질병기금에 따라 차이가 있다는 데 불만이 많았다. 영국에서는 이때부터 의료를 권리로써 모든 국민이 이용해야 한다는 주장이 등장하게 된다. 1926년에는 질병보험과는 달리 공적재정으로 지원되는 단일의 의료서비스가 요구되기도 했다. 놀랍게도 1942년 영국 의사회는 정부 통제하의 중앙계획에 따른 공적 의료서비스를 요구하는 보고서를 발간했다.[11] 같은 해에 영국 의회는 『베버리지 보고서』를 발간하게 된다. 이 보고서는 "지역사회의 모든 사람에게 예방, 치료, 재활에 이르는 포괄적 서비스(comprehensive services)가 이용 가능해야 한다"고 주장했는데, 이는 의료가 국민들의 기본적 권리로 이용되어야 함을 묵시적으로 표명한 것이었다.

기본권 보장은 정부의 책임인 까닭에 영국은 비스마르크형 질병보험을 버리고 정부 재정으로 전 국민의 의료를 보장하는 정부 공영의료제도(NHS)를 고안하게 된다. 즉, 지금까지 질병기금 중심의 의료보장제도가 사회연대를 강조했다면 영국의 NHS제도는 기본권 이념이 강조되었다고 볼 수 있다. 『베버리지 보고서』가 이론적인 토대가 된 영국의 NHS는 의료를 개인적 권리가 아니라 공공재로 간주하고 의료서비스의 제공에 집단주의 접근법을 강조했다. 1948년 12월에 열린 제3차 유엔총회는 세계인권선언을 채택하며 의료를 인간의 기본 권리(fundamental right)의 하나라고 명시했다.[12] 그 이후부터 국제사회는

---

11 다음 장에서 설명하겠지만 1935년 미국에서 「사회보장법」을 제정할 때 미국 의사회의 반대로 의료보장을 제외되었는데, 영국 의사회는 정부 통제하의 공적 의료서비스를 주장하는 상반된 행태를 보이고 있었다.

12 세계인권선언(Universal Declaration of Human Rights)은 파리에서 개최된 제3차 유엔

기본권으로서의 의료를 사회적 재화로 공식화했다.

2. 이념의 실제 적용

흔히 건강보험제도의 이념은 비스마르크의 질병보험에 의거하여 사회연대라고 이야기한다. 반면 베버리지형의 정부 공영의료제도(NHS 또는 RHS)는 1948년 세계인권선언을 토대로 의료를 국민의 기본권이라는 이념을 따르고 있다.

기본권 이념을 현실에 적용하기 위해서 『베버리지 보고서』는 두 가지 중요한 원칙을 제시했다. 첫 번째는 포괄적 적용(comprehensive coverage)[13] 원칙이다. 이는 의료가 기본권이므로 모든 국민에게 의료를 보장해야 한다는 것이다. 두 번째는 포괄적 급여(comprehensive services) 원칙으로, 임상적으로 효과가 있는 의료서비스는 가급적 모두 제공하라는 것이다. 이런 원칙들을 통해 제2차 세계대전 이후 세계인권선언이 명시한 의료가 인간의 기본권이라는 규범이 현실에서 구현될 수 있었다.

그렇다면 비스마르크형 질병보험제도를 가지고 있던 다른 나라들은 제2차 세계대전 이후에 어떻게 했을까? 영국뿐 아니라 몇몇 국가들은 비스마르크형 질병보험을 버리고 정부 재정으로 의료를 보장

총회에서 결의되었다. 인권선언 제22조에 사회보장권, 제25조에 의료를 기본권의 하나로 하고 있다. 인권선언 제25조의 원문을 보면 "Everyone has the right to a standard of living adequate for the health and well-being of himself and of his family, including food, clothing, housing and medical care"라고 기술되어 있다.

13 1952년 ILO는 포괄적 적용-보편적 적용(universal coverage)으로 바꾸게 된다(ILO, 2008).

하는 공영제 방식으로 전환했다. 이유는 의료가 인간의 기본권이라는 새로운 이념이 사회연대라는 기존 이념에 광의적으로 포함[14]될 수 있기 때문이다. 다른 국가들은 1950년대 이후 질병보험을 유지한 채 근로자뿐 아니라 농민이나 자영자 등을 포함하여 모든 국민에게 건강보험[15]을 확대하는 개혁을 단행했다. 비록 Busse 등이 독일의 사회의료보험은 사회연대와 자치경영을 이념으로 하고 있다는 주장을 하지만, 많은 유럽 국가들이 1950년대 이후 근로자만이 아니라 농민이나 자영자들도 포함하여 모든 국민에게 건강보험을 확대하는 개혁을 단행하다보니 사회연대 이념에 더하여 기본권 보장을 강화하는 변화를 이루게 되었다. 사회보험국가들이 사회연대 속에 기본권 이념을 받아들이고 있다는 사실은 다음과 같은 제도 변화를 본다면 쉽게 이해할 수 있을 것이다.[16]

첫째, 위험이 유사한 집단 간의 재정관리에서 벗어나 전국 차원의 재정을 통합하여 중앙기금을 설치한 국가들이 등장하기 시작했다. 네덜란드와 독일, 벨기에, 룩셈부르크, 오스트리아, 이스라엘 및 대만 같은 국가들이 재정을 통합했다는 점은 사회연대 속에서도 기본권 보장에

---

14 Saltman and Figueras는 조세로 조달되는 의료재정에도 사회연대원리를 적용하고 있다. 필자는 사회연대를 보험료를 기준으로 할 경우로 제한하고 조세로 조달되는 경우는 사회연대를 넘어 기본권 보장의 이념으로 구분하였다. 그 이유는 보험료를 토대로 하는 사회연대의 경우, 보험료에 상한선을 설정하여 사회연대의 범위를 정한다. 그러나 조세 역할도 광의적으로 본다면 사회연대의 기능은 있으나 소득세는 누진율이 적용되어 사회연대의 범위를 정할 수 없다. 따라서 조세는 사회연대보다는 기본권 이념이 더 적합하다고 판단된다.

15 비스마르크형 질병보험(sickness insurance)은 1950년대 이후, 전국민에게 확대하는 과정에서 건강보험(social health insurance, SHR)이라는 용어로 바뀌어 사용하게 되었다.

16 이규식(2022), 『국민건강보험의 발전과 과제』, 서울: 계축문화사.

좀더 주안점을 두었다는 방증이다.

둘째, 프랑스와 벨기에는 근로자의 보험료 부과에 상한선을 철폐했다. 이는 부유한 계층의 무한책임을 강조하는 취지이므로 사회연대보다는 기본권 보장이라는 이념을 더욱 강조하고 있다고 볼 수 있다.

셋째, 네덜란드는 근로자가 부담한 보험료를 사용자가 보상해 주는 방식으로 사회연대의 범위를 넘어서고 있다.

넷째, 이스라엘은 근로자가 부담하던 보험료를 건강세로 대체했고 사용자가 부담하던 보험료를 정부 재정으로 대체했다. 프랑스는 근로자가 부담하던 보험료를 일반사회기여금에서 충당하고, 사용자가 재정의 94퍼센트를 부담하도록 했다. 이는 사회연대의 이념보다는 기본권 보장을 좀더 부각시킨 정책으로 봄직하다.

다섯째, 모든 사회의료보험국가들이 보험재정에 보험료 부담의 비중을 낮추는 대신 정부 재정의 비중을 높이고 있다. 이러한 현상은 사회연대 이념보다 기본권 보장을 강화하는 것으로 볼 수 있다. 특히 프랑스는 사회의료보험국가이지만 제2차 세계대전 이후 전국민건강보험을 서두르면서 베버리지 원칙을 따르고 있다. 이런 점을 보면 사회연대는 물론 기본권 이념도 중시하고 있음을 볼 수 있다.

한편 WHO Europe은 의료보장에서 제공하는 의료를 사회재(social good)라 정의하고, 이와 관련된 사회적 규범을 사회연대라고 부른다. 사회연대는 사회구성원 모두가 필요로 하는 의료를 보장하기 위한 비용인 보험료를 교차보조 방식으로 조달한다. 즉, 젊은 사람이 노인에게,

부자가 가난한 사람에게, 건강한 사람이 병든 사람에게 지원하는 형식으로 사회연대가 형성된다는 것이다.[17]

3. 우리나라의 현실

우리나라는 1977년 사회보험방식의 건강보험제도를 도입하면서 제도 도입의 이념이 어떠한 공식적 문서에도 없었다. 비록 사회의료보험의 이념을 공식적으로 밝히지는 않았지만, 우리나라가 일본의 제도를 모방했기 때문에 실무진들은 사회연대라는 이념을 무언중에 간직하고 있었다. 그러나 공식적인 이념을 정립하지 못했다는 것은 사회의료보험제도의 운영 원칙을 제대로 갖추지 못했음을 의미한다. 그리하여 유럽 의료보장국가들과 달리 의료계획도 수립하지 않았고, 의료보장제도가 미비한 미국과 같은 시장형에 가까운 의료체계를 유지하게 된 것이다. 그 결과 유럽 의료보장국가에서는 볼 수 없는 의료기관(공공의료기관 포함)의 영리화가 심각한 수준으로 조장되고 있다.

1) 시혜적 관점의 사회의료보험 이념

우리나라가 사회의료보험제도를 도입하면서 가장 큰 실책은 의료보장제도의 이념을 명확하게 설정하지 못한 데 있다. 그런데 주목할 점은 1959년부터 보건사회부 의정국이 주관한 '건강보험제도 도입을 위한 연구회'라는 모임에서 기본권 보장에 대한 논의가 있었다는 사실이다.

---

17 Saltman RB and Figueras J (1997), *European Health Care Reform, Analysis of Current Strategies*, Copenhagen: WHO Europe.

모임의 일원이었던 양재모는 1961년에 '사회보장제도 창시에 관한 건의'라는 발표를 했다. 양재모는 "한국도 1948년 12월 유엔이 채택한 세계인권선언 제22조 및 제25조를 토대로 사회보장을 받을 권리 및 의료에 대한 기본권을 토대로 사회의료보험을 도입해야 한다"고 주장했다. 1961년 양재모가 제기한 의료의 기본권 이념은 연구회에서만 거론되었을 뿐, 1977년 사회의료보험제도를 도입할 때나 그 이후에도 전혀 거론되지 않았다는 점이 매우 아쉽다.

1977년 사회의료보험을 도입할 당시에는 기본권 이념이 아니라 시혜적 관점이었다. 세 차례에 걸친 경제개발 5개년계획의 성과로 절대 빈곤에서 벗어남에 따라 경제성장의 혜택을 베푸는 관점에서 제도 도입이 거론되었던 것이다. 경제개발에 따라 실업률이 감소하고, 공중보건사업을 통해 급성전염병의 통제가 가능해짐에 따라 비록 의료 공급은 미흡했지만 사회의료보험을 실시할 여건은 무르익었다.

박정희 대통령은 1976년 5월 6일 '제4차 경제개발 5개년계획'을 보고받는 자리에서 저소득층에 대한 의료혜택을 주는 방안을 지시하게 되었고, 이러한 지시에 따라 의료보호 우선 실시라는 조건하에 건강보험 실시라는 정책방향을 정하게 되었다. 여기서 주목할 점은 '저소득층에 대한 의료혜택'이라는 표현이다. 박대통령은 전 국민을 대상으로 하는 건강보험이 아니라, 저소득층을 대상으로 하는 시혜적인 관점에 초점을 두고 이를 언급한 것으로 보아야 한다. 다만 당시 '전국경제인연합회(현재 한국경제인협회)'가 근로자들의 생산성 향상을 위해 사회의료보험제도를 국민연금제도보다 우선해야 한다고 주장하면서 사회의료보험 도입에 힘이 실리게 된 점은 주목할 만하다.

보험료를 부담해야 할 기업의 입장에서 사회의료보험제도를 시혜보다 생산성 향상이라는 차원에서 접근한 점은 매우 발전적인 시각이라 할 수 있다.

사회의료보험제도의 이념은 정부의 공식적 언급이 거의 없다가 시혜라는 이념이 1989년에 등장하게 된다. 즉, 1989년 전국민건강보험을 달성한 해에 보사부가 펴낸 백서인 『보건사회(현재 보건복지백서)』는 "… 저소득층의 부담을 덜어주고 복지혜택을 골고루 나눈다는 뜻에서 여러 가지 재정상 어려움을 무릅쓰고 … 전국민건강보험을 이룩했다"라고 기술했다. 즉, 보사부는 사회의료보험제도의 이념을 저소득층의 부담을 덜어주는 복지혜택으로 공식화한 것이다.[18]

1977년 사회의료보험제도가 도입될 당시의 1인당 GDP가 1,043달러에 불과하여 인간의 기본권을 의료보장제도의 이념으로 내세웠을 때 미 적용계층의 의료보장 적용에 대한 요구나, 포괄적 보험급여에 대한 요구가 쏟아지면 이를 감당하기 어려워진 정부는 사회의료보험을 시혜적 차원으로 간주했다고 유추할 수 있다. 그러나 1989년 전국민건강보험이 실현되었을 때는 1인당 GDP가 5,556달러로 증가하여 의료보장의 이념을 기본권 보장에 둘 여건은 성숙되었다. 그러나 이때도 의료보장의 이념에 대해 고민한 흔적은 전혀 없었다.

더 문제가 되는 것은 1980년대 중반부터 제기된 '건강보험통합

---

18 이렇게 된 원인은 1977년 건강보험제도 도입에 앞서 저소득자, 무능력자, 무의탁자와 같이 의료비 부담능력이 없는 계층에 대한 의료보호와 같은 시혜를 강조한 박정희대통령의 철학을 후일 관료들이 의료보험에 대해서도 시혜적 관점으로 확대 해석했다고 생각할 수 있다. 박대통령은 부담 능력이 없는 사람들에 대하여 시혜적 관점을 나타내었을 뿐 보험료를 부담할 수 있는 계층에 대하여 시혜적 관점을 나타내었다는 문헌은 없다.

론'이다. 통합 주장은 근로자보험의 흑자를 활용하여 지역의료보험을 확대하려는 시도였는데, 그러다 보니 의료보장제도의 근본적인 이념은 도외시하고 사회연대를 강조하게 되었다. 그러나 지역의료보험이 확대될 수 있었던 실질적인 계기는 사회연대 이념의 실현이 아니라 정부의 재정 투입이었다. 역사상 처음으로 1986년에 무역흑자를 내게 됨에 따라 정부가 지역의료보험의 확대를 위한 재정투입의 여건이 조성되었기 때문이다.

건강보험을 통합하자는 논의는 그후에도 계속되었다. 건강보험을 통합하면 근로자보험의 재정흑자를 활용하여 농촌주민의 보험료 부담을 대폭 줄일 수 있다는 식의 비논리적인 사회연대 주장이 만연했다. 그러나 사회연대를 실현하기 위한 필수조건인 보험료 부과체계 단일화는 시도조차 하지 않았다. 이처럼 사회연대를 내세워 건강보험 통합을 주장하면서 정작 사회연대의 기본인 보험료 부과체계 단일화를 외면했다는 점을 보면 그때도 이념 설정이 제대로 되지 않았다는 점을 알 수 있다.

건강보험 통합이 이루어지기 전인 1995년 이미 한국의 1인당 GDP는 12,332달러로 의료보장제도의 이념을 기본권 보장에 두어도 될 충분한 조건을 갖추었다. 그럼에도 2000년 건강보험 통합은 관리기구의 통합에 그쳤고, 2003년의 재정통합은 보험료 부과체계가 이원화된 가운데 강행되어 사회연대성 이념마저 지키지 못한 모순이 벌어졌다.

한편 헌법재판소는 2003년 12월 18일 의료보험수급권에 대한 헌법소원을 심판하면서 "「헌법」 제34조제①항의 인간다운 생활을 보장하기 위한 사회적 기본권 중에서도 건강보험이 핵심적인 것"으로 판시했다. 헌법재판소의 판결은 의료를 기본권으로 간주하고 있는 1948년 유엔이 결의한 세계인권선언과 같은 맥락에서 사회의료보험의 수급권을 헌법적인 권리로 인정한 것이다. 헌재의 이 판결은 건강보험 수급권을 헌법적 권리로 인정했다는 데서 매우 중요한 의미를 갖는다. 그런데 문제는 사회의료보험제도의 실행을 담당하는 보사부가 사회보험의료에 대해 이 같은 확고한 이념이 없었다는 점이다.

2) 이념 정립을 하지 못한 배경

한국에서 의료보장제도의 이념이 시혜적 관점에 머무르게 된 배경을 유추하면 다음과 같다.

첫째, 1977년 사회의료보험제도 도입 전만 해도 지도층의 인식이 사회의료보험보다는 저소득층에 대한 시혜를 먼저 생각했다는 점을 들 수 있다. 그러다 보니 기본권 인식보다는 한국 경제가 이제 의식주를 걱정할 단계가 지났으니 적어도 자신의 힘으로 의료문제를 해결하기 어려운 계층부터 보호하자는 의미에서 「생활보호법」에 근거를 둔 의료보호제도를 먼저 실시함에 따라 자연스레 시혜적 이념이 자리를 잡았다고 볼 수 있다.

둘째, 사회의료보험 논의나 시행 단계에서 관료들이 중심이 됨에 따라 이념과 같은 문제는 도외시되고 실행이라는 행정적 문제가 보다 중요하게 되었다. 보사부 의정국의 연구회에서 사회의료보험에 대한 논의가 처음 이루어질 때 학자들의 참여가 이루어졌다. 양재모는 세계인권선언에 기초한 기본권에 토대를 둔 사회의료보험제도의 도입을 주장했다. 그러나 1977년 사회의료보험을 도입할 때는 학계보다는 보사부 장관인 신현확이 정책을 주도하여 불과 몇 개월 동안의 부처별 논쟁 끝에 정책이 결정되었고, 일본 제도를 벤치마킹하여 한국의 실정에 맞게 조정하는 데 급급한 나머지 기본권 같은 이념을 고려할 시간적 여유가 없었다.

셋째, 사회의료보험제도가 500인 이상 상시 고용하는 사업장부터 순차적으로 도입함에 따라 당시 가장 큰 인구집단인 농민을 위시한 자영자 집단이 배제된 상황에서 기본권 이념을 정립하기는 어려웠다고 판단된다. 사회의료보험을 세계인권선언을 토대로 한 기본권 이념을 제시했다가는 농민을 위시한 자영자 집단이 당장 의료보험 확대를 요구할 때 정부로서는 감당할 수 없는 문제가 있었던 것이다.

넷째, 그렇다면 1989년 보사부 백서에 "… 복지혜택을 골고루 나눈다는 뜻 …"이라는 시혜적 사고를 나타낸 것은 당시 정부가 전국민건강보험을 세계에서 가장 빠르게 만 12년 만에 달성한 사실을 자랑[19]하기에 급급했다. 그러다 보니 재정상의 어려움을 무릅쓰고 복지정책을 편 결과로 치장하다 보니 이념 정립과 같은, 눈에 띄지 않는 일에는 소홀히 했다고 하겠다.

다섯째, 2003년 헌재의 판결이 있었음에도 기본권이라는 헌법적 기본권 이념을 제시하지 못한 것은 정부나 우리 사회의 지적 수준이 사

---

19 전국민의료보장을 세계에서 가장 먼저 달성한 국가가 일본(1961)이며, 우리나라는 일본에 이어 두 번째로 달성(1989)했다.

회의료보험제도의 운영 원리를 제대로 이해하지 못했고 이념 정립의 중요성도 깨닫지 못했기 때문이라고 볼 수 있다. 이러한 인식의 한계는 현재도 계속되고 있다. 즉, 정부나 자문그룹 등에서 의료보장제도의 이념 설정이 중요하다는 사실을 깨닫지 못해 건강보험의료를 경제재로 간주한다는 점이다.[20]

3) 이념 부재가 낳은 문제점

사회의료보험제도의 이념을 명시하지 않은 채 이 제도를 국민에 대한 복지혜택이라고 공식 천명한 것은 우리나라 건강보험제도의 발전에 큰 걸림돌이 되었다. 시혜적 차원에서 이념이 설정됨에 따라 의료의 소비자 시장이 있는 것인 양 생각하여, 의료정책이 유럽 의료보장국가와는 전혀 다르게 전개되면서 오늘날의 의료위기를 초래한 원인이 되었다. 즉, 건강보험을 시혜적 차원에서 운영함에 따라 수요 접근 방식으로 의료서비스를 배분하고, 공공의료를 공공병원이 생산하는 의료라고 잘못 정의하며, 의사와 의료기관 숫자가 상당히 증가했음에도 의료기관 당연지정제를 지속하고 있으며, 의료의 지역화 개념을 무시하고 진료권을 폐기하는 등 의료보장국가에서는 볼 수 없는 엉뚱한 정책들이 수십 년간 계속됨에 따라 작금의 의료위기를 자초한 것이다.

---

20 이렇게 된 이유는 뒤에 나오는 시장형 의료정책에서 설명된다.

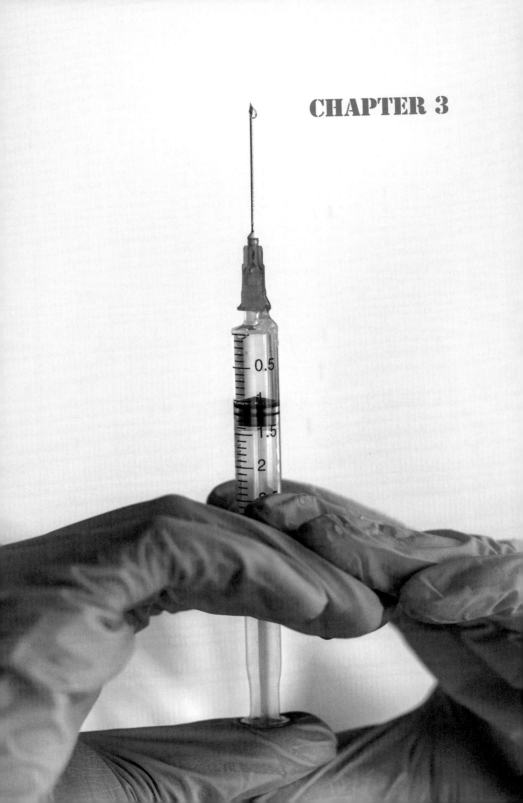

CHAPTER 3

사회의료보험의 원리에 대한 인식부족

1. 의료보장제도에 대한 미국 의사회의 입장

미국은 어떤 국가보다도 사회보장에 대한 인식이 높았다. 그래서 세계경제공황을 극복하기 위한 뉴딜정책을 추진하는 가운데 1935년 「사회보장법」을 제정하게 된다. 그런데 이 법률에는 의료보장이 빠지게 된다. 미국인들이 의료보장의 중요성을 몰라서 빠뜨린 게 아니라, 의료보장제도의 성격을 잘 아는 미국 의사회가 반대했기 때문이다. 이와 같은 미국 의사회의 반대에 대하여 시장주의 경제학자들이 의사회의 입장을 지지했다. 뿐만 아니라 상공회의소나 기업인 단체들은 물론 보수주의 입장을 견지하는 공화당이 의료보장에 반대하는 여론을 주도했다. 이들이 반대하는 이유는 의료보장제도는 의료의 사회화를 초래하기 때문이라는 것이다. 『베버리지 보고서』가 1942년 영국에서 발표되어 의료를 인간의 기본권 개념으로 접근하여 의료의 사회화를 추구했다. 두 나라를 비교해보면 미국은 영국보다 훨씬 일찍 의료보장제도의 의미를 제대로 깨달았다고 봄직하다.

2. 의료보장제도에 대한 한국 의사회의 입장

한국 의사들의 의료보장제도에 대한 이해도는 미국은 물론이고 영국이나 유럽의 의사들과 비교해도 한참 뒤처져 있다. 2023년 정부가 의료기관에 대해 비급여서비스의 가격이나 진료 수입을 파악하려고 나서자 대한의사협회는 정부가 의료 사회화를 기도하려는 것이라는 성명을 발표하고 이를 반대했다. 의료보장제도가 의료 사회화를 초래한다고 제도 도입을 반대한 미국 의사회와 비교할 때 한국 의사들의 사회제도에 대한 지적 수준은 매우 낮다고 할 수 있다.

그렇다고 의사들의 무지만 비판할 일은 아니다. 그동안 정부는 물론 대부분의 의료분야 전문가들도 이와 비슷한 수준이었기 때문이다. 즉, 보건복지부나 의료정책 분야의 학자들도 의료보장제도를 의료 사회화라고 생각하지 못하고 단순하게 재정만 공동조달하는 제도로 인식해왔다. 그러다 보니 의료서비스 배분을 의료보장제도가 없을 때와 동일하게 시장에 맡겼고, 쓸데없는 「공공보건의료에 관한 법률」을 제정하여 공공의료가 건강보험의료와 별개의 것인 양, 특별하게 정의하는 잘못을 저질렀다. 그 결과 건강보험의료가 공공재가 아닌 사적재화로 정의되었고, 의료계획은 당초부터 시도도 하지 않았다.

의료보장을 단순하게 재정을 공동으로 조달하는 것으로만 생각한 사회복지학 전공자들이 건강보험 통합을 줄기차게 주장하게 된 것도 의료의 사회화에 대한 인식이 없었던 데 기인하고 있었다. 전 국민을 강제 가입시키는 건강보험제도가 국민들에게 의료서비스를 골고루 형평하게 제공하려면 의료서비스의 지역화가 매우 중요하다. 그런데 사회복지 전공자들이 의료보장에 대한 개념이 없다 보니 건강보험을 통합하면서 진료권을 폐지하는 우를 범하기도 했다.[21] 따라서 현재의 지방의료 붕괴 문제는 바로 보건복지부와 관련 학자들의 의료 사회화에 대한 인식 부족이 원인이었다.

건강보험제도를 도입하면 의료 사회화가 된다는 사실을 정부가 모르니 진료비 청구·심사에 대한 의사들의 불만을 해소하기 위해 건강보험을 통합한 이후 의료보장국가에서는 볼 수 없는 행위에 속하는 비급여서비스의 전면적 허용을 「국민건강보험법」에 규정했고, 비급여서비스에 대한 가격 설정을 의료기관에 맡겨 의료의 영리화를 자초했다.

---

21 건강보험 통합 논쟁이 벌어질 때, 사회복지분야 교수들은 찬성하는 입장이었고, 보건의료분야 교수들은 좌파 학자들을 제외하고는 반대하는 입장이었다.

3. 의료보장제도와 의료 사회화의 구현

1) 의료 사회화의 의미

의료보장제도와 연금제도는 같은 사회보장이지만 성격은 근본적으로 다르다. 먼저 연금제도는 가입자의 보험료로 재정을 공동으로 적립하고 가입자가 일정 연령에 도달하면 정해진 산식에 따라 산정된 연금액을 월1회 정기적으로 지급한다. 연금공단 인근에 거주하는 수급자나 백령도와 같은 멀리 떨어진 도서지역에 거주하는 수급자나 연금은 월1회만 받을 수 있다.

한편, 의료보장제도는 법률로 모든 국민을 강제로 가입시키는 것과 보험료를 징수하여 재정을 공동으로 적립하는 것은 연금제도와 동일하지만 두 가지 중요한 차이가 있다[표 1 참조]. 첫째는 보험 지급액(급여)의 크기다. 즉, 연금제도는 보험료를 많이 낼수록 연금액(보험급여)이 많아지지만[22] 의료보장제도는 보험료 납부액과 의료 이용(보험급여)의 크기(횟수와 정도)는 무관하다. 달리 말하자면 건강보험료를 납부할 때는 의료 이용도가 아니라 경제력(소득)에 비례하여 결정되지만, 의료를 이용할 때는 보험료 액수와 무관하게 누구나 동일한 조건으로 한다는 것이다. 보험료는 의료 이용이 아니라 경제력(소득)에 비례하여 결정되고, 의료 이용은 가입자 누구에게나 동일한 조건으로 할 수 있도록 허용하고 있다. 이러한 방식이 바로 의료 사회화이다. 즉, 의료보장제도는 재정 부담과 무관하게 의료 이용을 동일한 조건으로 할 수 있기 때문에 '이용의 사회화'라 부를 수 있다.

---

22 정해진 산식에 의거하여 산출되는데, 보험료 납부액이 많을수록 연금수령액이 많지만 비례적으로 많아지는 것은 아니다.

[표 1] 의료보장제도와 연금제도 비교: 공통점과 차이점

	의료보장제도	연금제도
가입 방식	법률에 의한 강제 가입	
재정 조달 방식	공동 적립	
보험료 산정 기준	소득을 기준으로	
급여 지급 대상	제한 없음	특정 연령 이상
급여 지급 크기	보험료와 무관	보험료 크기와 연계
급여 지급 횟수	의학적 필요도에 따라 제한 없음	월 1회
급여 수급 기회	의료기관 접근성에 좌우	접근성과 무관

의료보장제도가 도입되면 의료 이용 행태만 바뀌는 것이 아니라 의료서비스를 배분하는 방법도 그전과는 달라져야 한다. 의료보장제도는 환자가 의료서비스 가격을 거의 의식하지 않도록 설계하여 의료의 접근성을 높이고 있기 때문이다. 이때 의료서비스 배분을 시장의 수요에 맡기면 환자들의 '모럴해저드'로 의료 이용이 무한히 증가해 보험 재정으로 감당하기 어려워진다. 그러므로 서비스 배분방법을 시장수요에 맡기지 못하고 새로운 배분방법을 찾아야 한다.[23]

시장이 아닌 다른 배분방법이란 수요가 아니라 필요도를 토대로 하는 것이다. 필요도는 시장에서 결정되는 것이 아니고, 보험자나

---

23 Feldstein(2005)은 환자가 사회적 권리로 의료에 접근할 경우, 서비스 배분은 시장에 맡길 수 없다고 주장하고 있다(각주 3 참조).

정부가 전문가들의 자문을 받아 가격과 상관없이 상병구조, 인구구조, 의료지식이나 기술수준, 사회·경제적 여건을 고려하여 결정하게 된다. 보험자나 정부는 필요도를 토대로 결정한 의료서비스를 공급자로부터 구매하는 구매자가 된다. 구매자는 구매한 의료서비스를 이용자인 환자에게 나누어주게 된다. 이와 같이 필요도에 따라 구매한 의료서비스를 환자에게 배분하는 것은 결과적으로 의료를 배급(rationing)하는 것과 같다. 그리고 배급이 원활하게 이루어지기 위해서는 필요한 서비스를 생산하기 위한 인력이나 시설의 적정 확보를 위해 의료계획을 수립하는 절차가 필요해진다. 제한된 재정으로 가능하면 많은 의료서비스를 배분하기 위해 구매자는 의료서비스 가격을 반드시 원가를 기준으로 책정하여 의료공급자가 초과이윤을 얻을 수 없도록 한다. 이때 구매자가 유의해야 할 점은 의료서비스 가격을 무조건 억제하는 것이 아니라 재생산이 가능한 수준으로 책정해야 한다.

의료보장제도에서는 환자가 의료서비스의 가격을 의식할 필요가 없으므로 병이 나면 언제든 의료를 이용하고 싶어 한다. 그러다 보니 의료기관이 많은 도시지역에 거주하는 사람은 이용을 많이 할 수 있고, 백령도와 같이 도서지역에 거주하는 사람들은 이용기회가 아무래도 적을 수밖에 없다. 이렇게 되면 의료 사회화의 의미가 약해진다. 이러한 문제를 보정하기 위해 진료권을 설정하고 환자의뢰체계라는 공급체계(delivery system)를 정립하는 노력도 필요해진다.[24] 이 문제는

---

24 재화나 서비스를 배급하는 방법은 세 가지가 있다. 첫째, 선착순으로 하는 방법이다. 둘째, 공급자가 마음대로 하는 방법이다. 셋째는 원칙을 정하여 모든 사람에게 골고루 배급하는 방법이다. 공공재를 선착순이나 공급자 마음대로 배급했다가는 가입자가 반발

뒤에서 설명할 의료의 지역화에서 다룰 참이다.

2) 의료 사회화와 의료 사회주의의 구분

서비스 생산은 의료보장제도가 도입되더라도 의료기관에서 계속 담당하기 때문에 굳이 공급자를 사회화할 필요가 없다. 의료보장제도가 도입되기 이전의 공급자가 계속 의료서비스를 공급해도 전혀 공급에 차질을 주지 않는다. 의료보장제도가 도입되기 이전의 자유개업의사는 그대로 자유개업의사로 남아 의료를 공급하게 되고, 민간병원도 그대로 민간병원이라는 실체를 갖고 의료를 공급하게 된다.

영국처럼 정부 공영제(NHS)로 의료를 제공하는 국가라 해도 개업의사는 NHS 당국과 계약을 맺어 서비스를 제공할 수 있으며, 영리병원은 NHS 환자를 받지 않고 자비부담 환자를 진료할 수 있다. 따라서 의료 이용의 사회화가 된다고 의료체계 전체가 사회주의 체계가 되는 것은 아니다. 그래서 의료 사회화를 "의료 사회주의"라든가 "사회주의 의료"라고 부르지는 않는다.

우리나라의 많은 사람들, 심지어 복지부 관료나 전문가들마저 의료 사회화와 의료 사회주의를 구분하지 못하고 건강보험제도의 도입으로 의료 사회화가 된다고 이야기 하면 사회주의자로 오해하기도 한다.

하여 제도 유지가 불가능해진다. 따라서 배급을 공평하게 하는 것이 중요하다. 의료서비스의 공평한 배급을 위해서는 지리적 공평성도 중요하다. 그래서 진료권 설정이나 진료의뢰체계와 같은 공급체계(delivery system)의 구축이 중요해진다.

4. 의료보장제도가 초래한 의료 사회화의 길

건강보험제도라는 의료보장제도를 도입한 이상 국민이 원하든 원하지 않든 의료 사회화로 갈 수밖에 없다. 의료 사회화를 향한 길은 다음과 같다.

첫째, 이미 앞서 언급한 바와 같이 인간의 기본권으로 의료를 이용(건강보험제도를 통해)하게 된다면, 건강보험 적용자는 의료가격을 인지하지 못한다. 그러나 의료공급자는 의료의 재생산을 위해 의료가격(보험수가)이 중요할 수밖에 없다. 가입자가 가격을 인지하지 못하니 건강보험이 없을 때와 달리 의료의 소비자 시장은 없어지는 것과 같다. 즉, 의료서비스를 배분할 시장 메커니즘이 없어지는 것이다. 그러다 보니 필요도를 토대로 배분(배급)할 수밖에 없어진다. 필요도를 토대로 의료를 배분(배급)한다는 의미는 의료서비스를 구매하는 주체가 가입자(환자)가 아니라 건강보험의 재정운영자(보험자 또는 정부)가 된다는 뜻이다. 즉 보험자가 가입자를 대신하여 공급자에게 의료서비스를 구매하고, 가입자는 필요도에 따라 의료서비스를 배분받는다.

이때 구매자가 반드시 해야 하는 중요한 일이 있다. 우선, 의료서비스를 환자에게 배분하려면 필요도와 우선순위를 설정해야 하고, 보험급여 패키지를 구성해야 한다. 그리고 공급원가를 토대로 보험급여 수가를 설정하여 공급자에게 보상하되, 공급자가 초과이윤을 얻어 영리화가 되지 않도록 유의해야 한다.

둘째, 건강보험제도는 재정을 공동으로 조달하기 때문에 의료서비스를 필요도를 토대로 배분해야 보험재정을 안정적으로 관리할 수 있게 된다.[25] 필요도를 토대로 서비스를 배분하기 때문에 가입자의 '모럴 헤저드'는 걱정할 필요가 없다. 그러다 보니 의료서비스 생산에서 효율성이 무척 중요해진다. 서비스 생산에 참여하는 병원은 설립을 공공에서 했든 민간에서 했든, 동일하게 취급하되 효율적으로 생산하는 공급자가 살아남을 수 있도록 해야 한다. 네덜란드가 공공병원을 전부 민영화한 것은 생산의 효율성을 강조한 결과다. 이때 유의해 할 점은 건강보험으로 의료 사회화가 이루어지더라도 자본주의 체계하에 있다는 점을 명심하여 모든 공급자를 공공기관으로 하겠다는 식의 발상은 방지해야 한다.

셋째, 건강보험에 적용받는 모든 사람이 지리적 접근성(의료 이용 기회)의 형평성을 보장하기 위해 의료공급체계(delivery system)를 정비하는 것도 중요하다. 의료의 지리적 접근성을 보장하기 위한 의료체계는 진료권의 설정과 진료의뢰체계를 정립하는 일이다.

이상과 같은 세 가지 방향에서 조치가 이루어질 때 건강보험제도의 도입에 따른 의료의 사회화가 완전하게 이루어질 수 있다. 우리나라는 앞에서 언급한 바와 같이 건강보험제도를 단순하게 재정의 공동조달 기능에만 만족하여 여타의 일은 건강보험제도가 없었을 때와 마찬가지로 시장형 의료체계를 유지한 탓에 오늘의 의료위기(소위 필수과 의사의 부족, 응급실 의사의 확보 난, 지방의료의 붕괴 등)를 자초하게 된 것이다.

필자가 자초라는 말을 사용한 이유가 있다. 의료의 사회화 개념

---

25 독일은 2009년 의료개혁을 당시의 보험료율이 14.6퍼센트이던 것이 현재도 그대로 유지하고 있다. 비록 보험료율은 증가하지 않았지만 보험재정은 경제성장율 만큼 증가하고 있다.

은 건강보험이 통합되기 전에도 없었지만 진료권 설정이나 진료의뢰 체계의 구축, 의료에서 영리적 활동의 배제와 같은 정책을 유지하여 오늘날과 같은 문제가 일어나지는 않았다. 그러다 2000년 7월 건강보험 통합을 전후하여 진료권을 없애고, 진료의뢰체계를 약화시켜 의료의 지역화 개념이 붕괴되고, 비급여의 허용으로 의료기관의 영리화가 심화되는 등, 오늘날의 의료위기는 정책의 잘못으로 벌어졌기 때문이다.

5. 주관적 건강상태는 의료 이용도와 무관

의료보장제도에서 의료서비스의 배분을 시장에 맡겨 버리면 환자들의 모럴 헤저드로 의료의 남용은 일어나게 마련이다. 이런 현상은 우리나라에서 극명하게 나타난다. 그 결과 우리나라는 세계에서 의료 이용을 가장 많이 하는 나라가 되었다. 소위 복지국가라 불리는 스웨덴이나 덴마크에 비해 우리나라는 의료 이용을 3~5배 정도 많이 하고 있다. 이렇게 된 것은 건강보험제도를 택하고 있음에도 의료의 소비자 시장이 있는 것으로 착각하여 서비스 배분을 시장수요에 맡기고 있기 때문이다. 이런 현상이 나타난 주된 이유는 정부가 의료 사회화를 이해하지 못한 채, 민영보험이 주를 이루고 있는 미국의 서비스 배분 방식을 따라 하기 때문이다.[26] 즉 건강보험이라는 의료보장제도를 가진 나라가 의료보장국가가 아닌 나라를 따라하고 있으니 정책이 제대로 될 리가 없다.

---

26 미국도 의료 이용을 완전히 자유방임에 맡기는 것이 아니라 나름대로의 진료의뢰체계를 갖추고 있어 우리나라에 비하여 의료 이용도가 매우 낮다.

소위 복지국가라 불리는 스웨덴이나 덴마크가 우리보다 의료 이용도가 훨씬 적은 까닭은 의료서비스 배분을 시장에 맡기지 않기 때문이다. 유럽 의료보장국가들이 서비스를 배분하는 방법은 구매자(보험자나 정부)가 필요도를 설정하고, 필요도만큼 의료공급자로부터 구매하여 이를 환자에게 배분(rationing)한다. 다만 의료서비스 배분을 필요도에 따라 배급하면 의료기관에서 장기 대기하는 문제가 생긴다. 스웨덴 정부는 의료기관에서의 장기대기 문제가 심각해 1992년부터 환자진료보증제도를 실시하고 있다. 2005년 11월에는 환자진료보증제도에 한 걸음 더 나아가 신 환자진료보증제(new guarantee of treatment for patient)를 도입하여 '0-7-90-90 원칙'을 수립했다. 이 원칙에 따르면 의료체계와는 즉시 접촉(zero delay)을 보장하고, 1차 의사(가정의) 진료는 7일 이내에 이루어져야 하며, 전문의 진료는 90일 이내, 그리고 진단과 치료 사이의 간격은 90일을 넘어서는 안된다는 것을 보증한 것이다. 그러나 긴급을 요하지 않는 치료를 위한 대기문제가 심각해 민영보험 시장이 존재한다.[27] 2008년에는 성과토대지불(P4P) 제도를 도입하여 중앙정부가 국가적 목표로 설정한 대기시간 내에 환자를 진료하는 지역정부에 대해 특별보너스를 지급하도록 했다.[28]

그렇다고 의료를 많이 이용하는 우리나라 국민들이 건강에 대해

---

27 스웨덴은 추가형보험(supplementary insurance)만 허용하고 있는데, 전체 경상의료비에서 민영보험의 지출 비중이 1퍼센트 미만에 불과하다.

28 Anell A, Glenngård AH and Merkur S (2012), Sweden health system review, *Health Systems in Transition* 14(5), European Observatory on Health Systems and Policies, Copenhagen: WHO Europe.

더 자신감을 갖는 것도 아니다. [표 2]에서 국민이 스스로 평가한 주관적 건강상태를 보면 OECD 국가 가운데 우리나라 국민들의 주관적 건강평가가 가장 낮다. 이는 의료를 많이 이용할수록 자신의 건강을 염려하는 건강염려증(hypochondria)에 빠지기 때문에 나타난 현상이라 볼 수 있다. 특히 해가 갈수록 주관적인 건강평가가 나빠지고 있으므로 의료 이용을 많이 한다고 건강상태의 양호도가 좋아지는 것은 아니다.

[표 2] 본인의 건강상태가 양호하다고 생각하는 인구비율 　(단위: 퍼센트)

국가	2010 (전체)	2015 (전체)	2020		
			전체	남자	여자
일본	30.0	35.4('13)	36.6	38.0	35.3
한국	37.6	32.5	31.5	34.6	28.4
독일	65.2	64.5	63.8	65.3	62.4
프랑스	67.3	67.8	68.5	70.2	67.0
핀란드	68.3	69.8	69.8	70.5	69.1
OECD 평균	68.6	68.2	68.5	71.0	66.5
네덜란드	78.0	76.2	78.0	80.3	75.6
호주	85.4	85.2	85.2('15)	85.4('15)	85.1('15)
덴마크	71.0	71.6	71.2	72.7	69.8

노르웨이	76.7	78.3	74.5	76.9	72.1
미국	87.6	88.1	87.9	88.4	87.4
캐나다	88.1	88.1('14)	89.0	89.2	88.8
스웨덴	80.0	79.7	76.5	79.7	73.3

출처: 보건복지부, 보건사회연구원(2022), OECD Health Statistics.

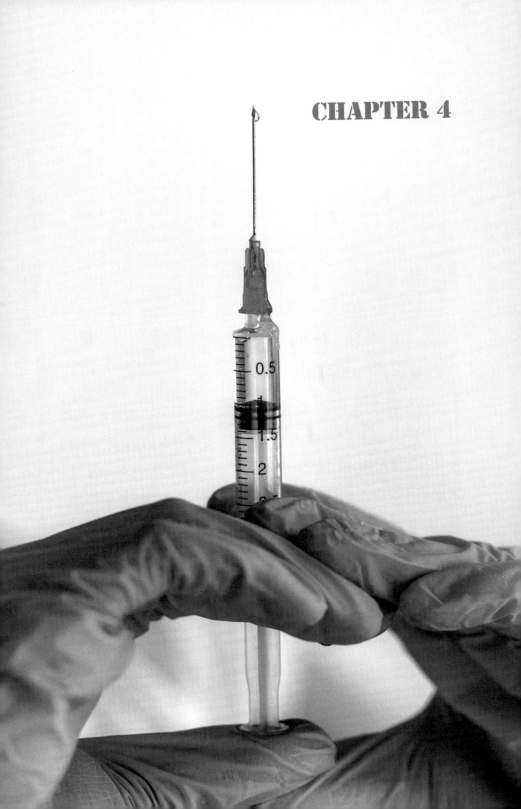

CHAPTER 4

잘못된 공공의료의 정의가 남긴 폐해

1. 길 잃은 공공의료

앞서 언급한 바와 같이, 의료보장제도는 의료의 사회화를 목표로 실시하는 사회정책이다. 따라서 의료보장제도에서 보험급여로 제공하는 의료서비스는 공공재가 된다. 의료 사회화가 된 국가에서는 국민 모두가 진료비 지불 능력에 관계없이 구매자(보험기금 혹은 정부)가 설정한 방법(보험급여)에 따라 의료를 이용함으로써 형평성이 보장된다. 의료 사회화는 언뜻 경제적 측면에서만 형평성을 보장하는 것처럼 보이지만 지리적 형평성도 중요하다. 그래서 의료보장제도가 실시되면, 진료권(catchment area)을 설정하고 의료 이용도 1차, 2차, 3차 의료기관을 단계적으로 이용하는 진료의뢰체계(referral pathway)를 중요시한다. 이와 같은 진료권과 진료의뢰체계를 포함하여 공급체계(delivery system)로 정의한다.

1980년대까지만 해도 유럽의 의료보장국가들 가운데 진료의뢰체계를 강제적으로 적용하는 국가가 많았다. 1990년대 의료개혁이 시작되면서 환자의 선택권도 중시하게 됨에 따라 많은 국가들이 진료의뢰체계를 강제로 운영하기보다는 여러 가지 인센티브제도를 통해 운영하기도 한다. 예컨대, 독일은 전문의 진료를 받기 전 1차 의사를 '문지기'로 받아들이는 사람에게는 전문의 진료에 대한 본인부담 면제 그리고 병원에서의 입원 대기 기간의 단축 같은 인센티브를 제공하고 있다.[29]

요컨대, 의료보장국가가 국민들에게 의료 이용의 형평성을 보장하는 방법은 두 가지다. 즉, 지불능력에 관계없는 이용의 보장과 이용의 지리적 형평성을 보장하기 위해 공급체계를 구축하는 것이다. 이를 뒷받침하기 위한 의료계획의 수립도 중요한 일이다.

2. 공공재가 되는 의료보장 의료

1) 공공재의 정의와 의료보장 의료

의료 사회화가 된 의료보장제도에서 제공하는 의료는 공공재가 된다는 것은 단지 필자의 주장이 아니라 의료정책을 다룬 대부분의 이론서에 등장하는 개념이다. 유럽의 대표적인 의료개혁 보고서로 WHO Europe 본부가 1997년에 발간한 *European Health Care Reform*을 꼽을 수 있다. *European Health Care Reform*에 따르면,

---

29 Busse R, Blümel A, Knieps F and Bärnighausen T (2017), Statutory health insurance in Germany: a health system shaped by 135 years of solidarity, self-governance, and competition, *The Lancet*, 390: 882–897.

의료는 성격에 따라 두 가지로 구분하고 있다. 첫째, 사회적 권리라는 가치관에 의거하여 모든 국민에게 보장하는 경우에는 의료는 공공재와 같은 의미의 사회재(social goods)라 부른다. 반면, 사회적 권리로 의료 이용을 보장하는 가치관이 없는 사회에서는 의료는 일반 상품과 같이 취급하여 사적재화(private goods)라 부른다.[30] 미국의 의료사학자인 Melhado는 1998년 발표한 논문에서 의료를 실증경제학의 관점으로 접근할 때는 상품(commodity)으로 간주했고 규범적 차원의 권리 개념으로 접근할 때는 필요도(needs)를 토대로 하는 공공재로 구분하고 있다. 그뿐 아니라 이론적으로도 의료보장에서 제공하는 의료는 공공재가 되는 두 가지 조건을 충족하고 있다. 즉, 첫 번째 조건인 소비의 비경합성(non rivalry in consumption)과 두 번째 조건인, 비용을 부담할 수 없는 사람을 소비에서 배제하기 어렵다는 비배제성(non excludability in consumption)의 원칙을 충족하고 있다. 즉, 의료를 기본권 개념으로 접근하면 비용부담에 관계없이 모든 사람에게 동일한 조건으로 의료가 보장되기 때문에 소비의 경합성이나, 비용부담과 관련된 비배제성 원칙을 따질 수가 없다.

의료를 사적재화로 간주할 경우에는 의료의 배분을 의료보장기구에서 담당하는 것이 아니라 완전히 시장에 맡겨야 하고, 정부의 규제도 면허제도와 같은 최소한의 규제에 한정하는 것이 타당하다. 미국은 의료에서 소비자 시장의 존재를 허용하는 민영보험위주로 되어 있기 때문에 합리주의 접근에 따라 의료를 상품으로 간주한다. 그러나

---

30 우리나라에서 의료라면 모두 경제재로 분류하는 정부 관료나 전문가들은 후술하게 될 미국 의료정책이념의 하나인 합리주의 접근에 경도되었기 때문이다. 미국에서도 이론가들은 상품으로써의 의료와 의료보장 의료를 구분하고, 후자는 공공재로 취급하고 있다.

Medicare나 Medicaid와 같이 공적재정에서 제공하는 의료는 공공재로 간주하고 있음을 주목할 필요가 있다.

의료보장제도를 운영한다는 것은 의료의 사회화를 이루는 것이기 때문에 의료의 배분을 시장에 맡기는 것이 아니라 정부(혹은 보험자)가 책임지게 된다. 그러니 정부 규제는 당연한 것이다. 정부 규제 가운데 가장 강력한 규제는 비영리 원칙이다. 즉, 의료보장제도가 제공하는 의료에서 공급자인 의료기관은 영리를 추구할 수 없다. 따라서 의료보장의료의 가격도 정부(혹은 보험자)가 원가기준으로 설정하게 된다.[31]

2) '공공의료'에 대한 국제적 정의

WHO가 발간한 문헌에서 공공의료를 의미하는 용어로는 Publicly Funded Medical Care를 찾을 수 있다. 그리고 영국은 NHS 홈페이지를 통해 자국의 제도를 소개하면서 세계에서 규모가 가장 큰 Publicly Funded Medical Care라고 부르고 있다.[32] 영어권에서는 공공의료를 Publicly Funded Health(or Medical) Care로 표현하여 공적재정으로 공급되는 의료로 정의하고 있다.

Le Grand은 World Bank가 발간한 *Private Participation in Health Services*라는 책의 서문에서 공공의료를 Public Funded Services such as Health Care(줄인다면 Public Funded Health Care)

---

31 원가는 보험자가 보는 시각과 공급자가 보는 시각이 다르기 때문에 대부분 국가에서는 양자의 협상으로 결정하여 정부가 고시하게 된다.

32 http://www.nhs.uk/NHSEngland/thenhs/about/Pages/overview.aspx. (2014.10.13. 열람)

라 지칭하며 공적재정으로 공급되는 서비스로 정의하고 있다.[33] 한편 공공의료라는 용어를 간략하게 줄여 Funded라는 단어를 생략한 채 Public Health Care라고 사용하는 문헌도 다수 등장하고 있다. 1980년 미국의 Institute for Contemporary Studies가 발간한 *New Directions in Public Health Care*라는 책은 제목에 Public Health Care라는 용어를 공공의료로 사용하고, 공공의료의 정의를 Medicare나 Medicaid와 같은 의료보장제도에서 제공하는 의료로 규정하고 있다. 같은 책에서 Phelps는 공공의료를 Public Sector Medicine이라는 용어를 사용했다.[34] 그리고 Schenone은 의료를 공공재(Public Goods)로 정의하는 가운데 공공의료를 Public Health Care라고 했다.[35]

공공의료를 의미하는 용어를 Public Health Care로 사용하든 Public Sector Medicine으로 사용하든 공공의료의 속성은 WHO나 영국 NHS에서 이야기하는 Publicly Funded Health(or Medical) Care이다. 즉 공공의료란 공공재정으로 생산되는 의료라는 사실을 제대로 깨닫는 것이 중요하다.

---

33 Le Grand F (2003), Foreword, In: Harding A and Preker AS eds, *Private Participation in Health Services: ix-xi*, Human Development Network, Washington DC: The World Bank.

34 Phelps CE (1980), Public sector medicine, history and analysis, In: Lindsay CM ed, *New Directions in Public Health Care*: 129-166, San Francisco, CA: Institute for Contemporary Studies.

35 Schenone K (2012), *Health Care a Public or Private Good?* Economics & Institutions, MGMT 7730-SIK, Dec. 9, Rensselaer Polytechnic Institute.

3) 공공의료의 올바른 정의

유럽의 의료보장국가들은 물론이고 의료보장이 일부 국민에게 적용되는 미국에서도 공공의료는 공적재정으로 공급되는 의료로 정의하고 있다. 그렇게 정의할 수밖에 없는 이유는 인간의 기본권을 보장한다는 사회적 규범에 의거하여 의료보장제도를 통해 제공되는 의료는 공공재가 되기 때문이다.[36]

공공재로 인식된 건강보험의료나 NHS나 RHS라는 정부 공영제를 통해 제공되는 의료는 당연히 공공의료가 되고, 생산자가 민간이냐 공공이냐를 따지지 않는 것이 원칙이다. 건강보험의료가 공공의료가 된 이상 문제는 공공의료의 효율적인 생산성이 된다. 따라서 공공의료를 공공의료기관이 좀더 효율적으로 생산하느냐, 민간의료기관이 더 효율성을 발휘하느냐가 중요한 과제가 된다. 이 문제는 국가마다 처한 상황에 따라 달라질 것이다.

NHS나 RHS제도와 같은 공영제를 택한 국가들은 병원을 거의 공공의료기관으로 간주한다. 사회보험국가들은 민간의료기관도 보험자와 계약을 통해 공공의료를 공급하므로 보험자는 민간의료기관을 공공의료기관과 차별하지 않고 지원한다. 우리나라 같이 공공의료기관이 생산하는 의료만 공공의료로 간주하는 국가는 없다.

공공의료에 반대되는 용어가 민영의료이며 영문으로는 Private

---

36 규범적 차원이란 의료를 인간의 기본권이란 이념에서 의료보장이 이루어졌기 때문에 실증적 차원에서 정의하는 공공재의 두 가지 조건을 고려할 필요가 없다. 따라서 의료가 실증적 차원에서는 공공재가 될 수 없으나 기본권이라는 규범적 차원에서는 공공재로 간주된다는 의미이다.

Practice라 한다. 건강보험이나 NHS에서 제공하는 의료는 이용자가 진료비의 일부만 부담하는 공공의료(Publicly Funded Health Care)이며, 이용자가 진료비 전액을 지불하고 이용하는 의료는 민영의료(private practice)가 된다. 민간병원이라도 건강보험이나 NHS와 계약을 통해 의료보장권에 들어와서 환자를 진료하면 공적재정으로 의료를 공급하므로 이때 의료는 공공의료가 된다. 대부분의 의료보장국가에서 의사의 자유개업은 허용하고 있다. 그러나 의료보장기구와 계약을 맺고 의료서비스를 제공할 경우 개업의사의 의료도 공공의료가 된다. 유럽의 건강보험국가로 벨기에와 네덜란드를 제외하고는 영리병원(private hospital)을 허용하고 있으며, 공영제 국가도 소수의 영리병원을 통한 민영의료를 허용하고 있다.

3. 「공공보건의료에 관한 법률」의 오류

공공재가 된 의료는 당연하게 공공의료가 된다. 세계 모든 국가는 의료보장제도에서 제공하는 의료가 공공의료가 되기 때문에 별도로 공공의료를 정의하진 않는다. 그런데 우리나라는 세계적인 관행을 무시한 채 2000년 「공공보건의료에 관한 법률」을 제정했다. 이 법률은 순전히 한국형 법률로 전혀 필요하지 않을 뿐 아니라 오히려 의료정책을 수행하는 데 걸림돌이 되고 있다.

2000년에 우리 정부가 제정한 「공공보건의료에 관한 법률」을 보면 제2조제①항(정의)에서 공공보건의료를 "공공보건의료기관이 제공하는 의료"라고 생뚱맞게 정의하는 잘못을 저지른다. 그렇게 공공보건의료를 정의하여 법률을 운영하다 보니 뭔가 이상하다 느껴졌는지 2012년에 법률을 개정하여 동법 제2조제①항(정의)를 "모든 의료기관이 국민의 보편적인 의료 이용을 보장하고 건강을 보호 증진하는 모든 활동"으로 정의했다. 이 정의에 따른다면 국민에게 보편적 의료 이용을 보장하는 제도가 건강보험이기 때문에 건강보험에서 제공하는 의료가 공공의료가 되므로 국제적인 정의에 부합하게 된다.

개정된 정의대로 법률을 집행한다면 민간병원도 건강보험의료를 제공할 경우는 공공의료기관과 동일하게 취급해야 한다. 의료보장 제도를 갖는 모든 나라가 그렇게 하고 있다. 즉 의료보장제도에서는 설립자가 공공이냐, 민간이냐가 중요하지 않고 국민의 보편적인 의료 이용을 기본권 차원에서 보장하느냐, 그렇지 않느냐가 중요하다. 그러므로 우리나라에서 건강보험을 제공하는 모든 의료기관을 공공의료기관으로 간주하는 것이 마땅하다.

공공병원은 의료보장 의료만 제공하는 민간병원과는 달리 별도의 의무나 역할을 수행할 수 있다. 일본의 예를 보면 국립병원은 의료보장 목적의 일반진료보다는 '정책의료'를 주로 취급한다. 국립병원이 주로 다루는 정책의료는 특수한 질병들인데 암, 순환기 질환, 면역이상, 내분비·대사성질환, 결핵, 에이즈, 재해의료, 장수의료, 국제의료협력, 국제적 감염증 등을 주로 취급하고 있다. 일반 공립병원(도·도·부·현이나 시·정·촌 등이 운영하는 병원을 공공병원이 아니라 공립병원으로 부름)은 민간병원과 동일하게 의료보장 의료를 제공하며, 주로 의료취약지에 설립하여 그 지역의 인구부족으로 발생할 수 있는 적자를 지원함으로써 의료공백의 발생을 방지하는 역할을 한다.

우리나라에서 국민의 보편적 의료 이용을 보장하는 것은 건강보험의료가 유일하다. 그런 의미에서 2012년 개정된 법률은 공공보건의료를 올바르게 정의했다. 그러나 이 법률은 법 제2조제②항에서 보편적 의료 이용과는 전혀 무관한 공공보건의료사업을 정의하여 제①항의 정의에 반하는 모순을 저질렀다. 그리고 법 제2조제④항에서 보편적 의료 이용과는 거리가 먼 공공보건의료수행기관을 공공병원 위주로 정의함으로서 제①항의 정의를 무력하게 만들었다.

즉, 2012년에 개정한 법률은 제2조제①항(정의)에서 건강보험의료가 공공의료가 되도록 했으나, 제②항에서 공공보건사업을 제시하고 제④항에서 공공보건의료수행기관을 열거하여 제①항(정의)를 완전히 무시하는 비논리적인 구조가 되었다. 그 결과 법률과 현실의 부적합성이 여전히 해결되지 못한 채 공공의료기관이 생산하는 의료가 공공의료라는 과거의 정의가 기형적인 방식으로 계속 유지되고 있는 것이다. 이렇게 된 것은 공공병원만이 공공의료 생산자라는 2000년의 법률 구조에서 벗어나지 못한 당시 복지부 관료들의 고착화된 사고가 초래한 잘못이다. 특히 관료들은 민간병원은 영리나 추구하는 병원이라는 잘못된 편견이 고착화되어 발생한 참사로 오늘에 이르기까지 공공의료정책이 제 자리를 잡지 못하는 원인이 되고 있다.

우리나라의 공공보건의료기관은 관련 법률에 따라 여러 가지로 나눌 수 있다. 특별법으로 운영되는 국립대병원, 국립중앙의료원, 보훈병원 등이 있고, 지방의료원법에 의하여 운영하는 지방의료원, 그리고 지역보건법에 의해 운영하는 보건소, 보건의료원, 보건지소 등이 있다. 따라서 공공병원에 공공보건의료사업을 맡기려면 그 기관을 운영하는 근거 법률에 해당 사업을 명기하면 된다. 그런데도 엉뚱하게 공공의료의 정의를 무시하는 것과 같은 법률 제2조제②항, 제④항을 삽입하여 공공의료의 정의를 변질시키는 지극히 잘못된 법률을 만들었다. 그것보다도 원천적인 문제는 「공공보건의료에 관한 법률」이라는 불필요한 한국형 법률을 제정한 데서 찾아야 한다.

4. 공공병원 적자는 착한 적자라는 어이없는 한국적 발상

이와 같이 공공병원의 역할과 공공의료의 정의를 구분하지 못한 「공공보건의료에 관한 법률」이 남긴 문제점은 크게 세 가지로 나누어 볼 수 있다. 첫째, 공공병원의 특권의식이다. 대표적인 것이 착한 적자라는 용어다. 2013년 경남의 진주의료원이 누적된 적자로 운영이 어렵게 되자 당시 홍준표 경남지사가 의료원 폐쇄를 결정했을 때, 이에 반대하는 논리가 바로 공공병원의 적자는 착한 적자라는 기상천외한 주장이었다. 적자는 말 그대로 적자인데 무슨 착한 적자인가? 이러한 주장은 바로 「공공보건의료에 관한 법률」이 낳은 폐단인 공공병원의 특권의식이 그대로 드러난 것이다. 동일하게 같은 보험환자를 진료했는데 민간병원이 적자를 내면 경영상 실패이고 공공병원이 적자를 내면 착한 적자라는 발상은 공공의료의 잘못된 정의가 초래한 사악한 특권의식에서 비롯된 것이다. 공공병원 중에서도 특히 지방의료원의 특권의식은 유별나다. 이런 잘못된 태도가 공공병원의 발전을 가로막고 있으며 환자들이 이를 외면하게 된 이유 중 하나다.

둘째, 민간병원에 대한 차별이다. 건강보험의료를 공급하면 모두 공공의료기관으로 간주되므로 병원이 적자를 낸다면 민간, 공공 따지지 않고 적자를 해결해야 공공의료를 발전시킬 수 있다. 특히, 적자의 원인이 지역인구가 소멸되면서 발생한 피할 수 없는 적자인 경우는 해당 병원을 폐쇄하면 의료공백이 발생하므로 정부가 반드시 그 적자를 해결해야 한다. 반면 적자가 경영상의 잘못으로 발생한 경우라면 공공병원이라도 폐쇄를 해야 공공의료기관이 자극을 받아 발전할 수 있다. 그러므로 세계 어느 국가에서도 볼 수 없는 공공병원 적자는 착한 적자라는 해괴한 논리로 공공병원을 유지해야 한다는 차별적 발상은 공공의료의 발전을 가로막을 뿐이다.

셋째, 공공의료공급자에 민간병원을 배제함에 따라 정부 스스로 정책수행에 발목을 잡게 된 우를 범했다. 즉, 민간병원의 공적 역할을 정부가 인정하지 않는 모양새가 됨에 따라 민간병원은 규제의 틀에서 벗어나는 행위를 하고자 계속 노력하게 되었다. 물론 민간병원도 「의료법」이 정하는 규제에 매여 있기는 하지만 일반적인 의료행위에서 정부 규제를 쉽게 받아들이지 않으려는 습성이 생겼다. 예를 들어 비급여서비스 제공으로 의료기관이 영리화되는 과정을 보면 민간병원이 영리화를 먼저 시작했고, 민간병원의 성장을 본 공공병원이 뒤따라 나섰다. 이런 현상은 「공공보건의료에 관한 법률」이 민간병원을 공공의료 제공자로 인정하지 않음으로써 초래된 결과라 하겠다.

5. 의사가 공공재라니!

우리 정부는 의료보장제도가 의료 사회화가 된다는 이야기는 하지 않고 가끔씩 의사는 공공재라는 엉뚱한 이야기로 의사들의 속을 뒤집어 놓고 있다. 의사가 공공재가 되는 사회는 의료 사회화가 아니라 의료 사회주의가 되는 것이다. 의사나 병원과 같은 공급자는 자유개업을 허용하는 것이 자본주의 국가의 원칙이다. 그러므로 의사가 공공재인 나라는 우리가 아는 자본주의 체제의 의료보장국가가 아니라, 의료 사회주의국가다. 즉 의료 사회화는 의료 사회주의가 아니다. 의료보장국가는 의료 이용의 지리적 형평성을 보장하기 위해 구매자(정부나 보험자)는 공급자와 요양기관계약을 통해 지리적인 배치나 진료의뢰체계를 구축하게 된다. 따라서 의사는 공공재가 될 수 없다.

대부분의 의료보장국가에서 의사나 병원과 같은 공급자의 개업은 자유롭게 할 수 있도록 허용한다. 그러나 영리를 목적으로 하는 경우는 요양기관으로 계약을 맺지 않고, 진료비 전액을 환자에게 부담시키도록 한다. 의사는 의료보장조직(즉, 구매자)과 계약을 하지 않고 환자에게 전액 자비부담으로 진료비를 받을 경우 개업개인의사(private physician)로 활동할 수 있다. 병원도 구매자와 요양기관 계약을 하지 않고 환자에게 진료비 전액을 부담시키는 영리병원(private hospital)을 운영할 수 있다. 유럽 국가에서 개업개인의사나 영리병원도 의료보장조직과 계약을 하면 보험환자를 진료할 수 있다. 의료보장조직과 계약을 한 의사나 병원은 영리 유무를 떠나 보험환자를 보게 될 때, 계약한 의사나 병원은 의료보장에서 정한 급여서비스에서 초과이윤을 얻을 수 없도록 하고, 비급여서비스 제공도 엄격히 제한하고 있다.

이와 같은 원리로 의료보장 의료의 공급자가 운영되고 있는데 의사가 공공재라는 것은 이론에도 없는 뜬금없는 주장이다. 의료보장제도가 아무리 비영리 목적이라 하더라도 어디까지나 시장경제를 토대로 하는 자본주의 국가에서 시행되는 제도라는 것을 명심해야 한다. 즉, 의료보장이 아무리 국가적 책무라고 하더라도 정부가 사업자(즉, 의사와 병원)에 계약을 강제할 수는 없다.

6. 요양기관당연지정제와 의료기관 강제 징발

1) 의료기관을 강제 징발하는 요양기관당연지정제

요양기관당연지정제(강제지정)의 의미는 건강보험제도라는 법적인 사업을 위해 의료기관을 정부가 강제로 징발하여 사용한다는 뜻이다. 자본주의 국가에서 민간자원을 강제로 징발하여 사용하는 경우는 전쟁이 발발했을 때나 지진이나 태풍과 같은 대형 재난이 발생할 때로 한정된다. 전쟁이 끝나거나 지진이나 태풍과 같은 재난이 수습이 된 후에는 강제 징발을 해제하는 것이 원칙이다.

그러나 우리나라는 건강보험이라는 의료보장제도를 위해 의료기관을 강제 징발하는 제도인 당연지정제가 한시적으로 끝나지 않고 1979년 이후 오늘에 이르기까지 지속되고 있는데 도저히 이유를 알수가 없다. 1977년 7월 건강보험제도가 도입되었을 때는 가입자들에게 의료서비스를 제공하기 위해 보험자인 의료보험조합과 의료기관이 계약을 했다. 당시는 보험의 적용대상자가 500인 이상을 상시 고용하는 기업이었기 때문에 사업장은 주로 도시지역에 있었다. 따라서 보험자가 사업장 부근의 의료기관과 요양취급기관으로 계약을 하는 것이 어렵지 않았다.

1979년 공무원 및 사립학교 교직원에게 의료보험을 적용하려다 보니 의료기관 확보에 어려움이 생겼다. 공무원이나 학교 교직원의 근무지가 도시지역뿐 아니라 농촌에도 흩어져 있어 의료기관과의 계약이 어렵게 되었다. 전국적으로 산재해 있는 관공서와 학교에 근무하는 공무원과 교직원 및 그 가족들이 보험급여 서비스를 손쉽게 받을 수 있도록 전국의 모든 의료기관과 함께 보건소, 보건지소, 보건진료소, 모자보건센타 등 보건기관까지 요양취급기관으로 계약해야 할 필요성이 생겼다. 그리고 단일 형태의 '공무원 및 사립학교 교직원 의료보험공단(공교공단)'으로서는 1977년 7월부터 실시되던 개별 의료기관과 일일이 '요양취급기관'으로 계약을 한다는 것은 매우 번거로운 일이 될 뿐 아니라, 행정비용의 과다지출이 우려되었다. 이에 따라 1979년 1월 보험자인 '공교공단'이 일방적으로 전국의 모든 의료기관과 보건기관을 '요양취급기관'으로 강제 징발하는 방법인 요양기관당연지정제를 채택할 수밖에 없었다. 문제는 이 제도가 정부 사업(의료보험)을 위해 의료기관을 강제 징발한다는 개념이 당시에는 없었다는 점이다.

한편, 직장의료보험은 두 가지 문제를 갖고 있었다. 첫째는 직장 근로자와 피부양자가 공무원 및 사립학교 교직원과 그 피부양자에 비하여 의료기관의 접근성에 차별이 있었고, 둘째는 직장의료보험조합과 의료기관이 개별적으로 계약을 채결하는 것이 행정적으로 낭비가 많다는 점이었다. 이러한 문제를 시정하기 위해 1979년 7월부터 당시 보험자단체인 '전국의료보험협의회'가 요양취급기관 지정·취소 업무를 일괄하여 담당하게 됨으로써 당연지정제로 전환했다.

1979년 7월 직장의료보험에서 당연지정제를 채택하게 된 다른 배경도 있다. 즉 의료보험이 실시되면서 책정된 보험수가가 원가에 미치지 못한다는 의료계의 불만과 함께, 1979년 보험적용률이 전 인구의 21.2퍼센트에 불과한 데다 보험환자에 대하여는 진료비를 받기 위해 청구·심사과정을 거치기 때문에 의료기관으로서는 업무의 복잡성, 진료비 지급의 지연 등으로 계약을 기피했다. 이에 정부는 1979년 보험수가를 20.75퍼센트 인상했지만 여전히 관행수가보다 낮아[37] 환자 확보에 자신이 있는 대학병원 및 대형종합병원은 요양기관 계약이 병원경영을 어렵게 할 것으로 판단하여 계약을 기피함에 따라 불가피하게 정부로서는 당연지정제를 채택할 수밖에 없었다.

이때까지는 법적 사업인 건강보험의 원만한 실시를 위해 의료기관을 강제 징발하는 행위가 인정받을 수 있었다. 그러나 1989년 7월 전 국민이 건강보험에 적용된 시기부터는 농촌지역에도 의원이 개원하고 있었고, 수가는 비록 공급자를 만족시킬 수준은 아니지만 의료서비스의 재생산에 큰 문제가 될 만큼 낮은 수준은 아니었다. 따라서 의료보험이라는 국가적 사업을 핑계로 정부가 의료기관을 강제 징발해야 할 시기는 지났기 때문에 요양기관당연지정제는 요양기관계약제로 전환했어야 마땅했다. 그러나 당시 정부는 당연지정제가 정부에

---

37 보험수가를 제정할 당시의 수가 수준은 관행수가의 55퍼센트였으나, 이것은 당시 서울의 종합병원을 기준으로 한 수가였고, 가산율이나 약가 마진 등을 감안할 때 75퍼센트 수준은 되었다고 1997년 의료보험연합회가 발간한 『의료보험의 발자취』에서 기록하고 있다.

의한 의료기관 강제 징발이 된다는 원리를 깨닫지 못했기 때문에 당연지정제를 계속 유지했다.

2) 강제 징발과 비합리적 조치

정부가 의료보장제도를 유지하기 위해 강제 징발을 통해 국민들에게 의료서비스를 제공하게 되었다면, 그에 따른 후속조치로 징발된 의료기관을 모두 동등하게 대우하는 것이 원칙이다. 건강보험제도의 운영원리 중 하나가 보험의료를 통해 영리를 취할 수 없다는 대원칙이다. 그럼에도 DJ 정부는 민간병원은 영리를 취할 것[38]이라는 막연한 편견에 사로잡혀 공공의료기관과 민간의료기관을 차별하는 기막힌 행동을 버젓이 해 요양기관당연제정제의 의미를 퇴색시켰다. 더욱 기가 막히는 일은 이러한 차별을 합법적으로 할 수 있도록 2000년에는 「공공보건의료에 관한 법률」까지 제정하여 공공의료기관이 생산한 의료만 공공의료로 규정하는 엉터리 짓을 시작하게 되었다. 그후에 집권한 정부의 관료들도 DJ 정부 관료들의 편견에서 벗어나지 못해 공공의료기관이 생산한 의료만 공공의료로 우대하는 엉터리 정책을 지속하고 있다.

정부로서는 민간의료기관이 정부사업인 의료보험업무를 찍소리 내

---

38 정부가 정한 보험수가라는 동일한 조건에서 민간병원은 흑자를 공공병원은 적자를 내는 것은 민간병원이 경영을 공공병원보다 잘 했기 때문으로 보아야 한다. 물론 민간병원은 의약품 구매 등에서 의료수익 외 이익을 얻을 수 있었다. 그러나 공공병원은 주인이 없다 보니 이와 같은 의료수익 외 이익은 생각지도 않았다. 이와 같은 경영상의 차이를 무시하고 민간병원의 흑자를 부조리한 영리추구 행위로 폄하한 것은 당시 DJ 정부에 참여하는 인사들의 편향된 이념에 기인한 것이다.

지 않고 당연지정제로 뒷받침하는 데 대해 감사를 표해야 함에도 차별을 한다는 것은 우리나라가 과연 의료보장제도를 유지할 자격이 있는 국가인지 의구심이 들게 한다. 유럽 의료보장국가에서는 의료보장제도에서 제공하는 의료는 전부 공공의료로 간주하여 민간병원이든 공공병원이든 구별 없이 세금혜택에서부터 연구비 지원에 이르기까지 같은 조건을 제공하고 있음을 명심해야 한다.

의료보장제도가 도입되면 의료의 사회화가 이루어지지만 공급까지 사회화하지 않는다는 점을 정책 당국자도 깨달아야 한다. 그렇다고 의료 이용의 절차를 정하면 공급자는 그에 순응해야 하지만, 이러한 절차나 정해지는 수가에 따르지 못하겠다면 건강보험환자를 받지 않을 자유를 주는 것도 자본주의 국가임을 명심할 필요가 있다. 이러한 자유가 바로 요양기관계약제로 나타난다.

3) 요양기관당연지정제의 당위성에 대한 오해

요양기관당연지정제를 계속 유지해도 무방하다고 주장하는 사람들이 있다. 이들은 다음의 두 가지 사실을 오해하고 있다.

첫 번째는 건강보험제도의 가입은 국가가 법률로 전 국민을 강제로 가입시키는데, 의료공급자를 강제로 지정하는 제도는 왜 안 되느냐는 엉뚱한 주장을 하는 사람들이 있다. 심지어 헌법재판소마저 건강보험 가입을 강제로 함에 따라 요양기관당연지정제는 아무런 문제가 없다는 식의 한심한 판결을 했다는 점이다. 이러한 주장을 하는 사람들은 당연지정제가 의료기관의 강제 징발이라는 것을 잘 모르기 때문이다. 건강보험 강제 가입은 국민에게 혜택을 주기 위해 강제 적용하는 것으로 개인의 권리를 침해하지 않는다. 그러나 의료기관의 강제 징발은 개인(민간의료기관)의 재산권을 침해하는 문제가 있다. 따라서 두 가지 행위를 비교한다는 것은 논리의 미숙에 따른 주장이다.

「국민건강보험법」에서 강제 가입을 규정하는 것은 혹시 제도에서 배제되어 혜택을 받지 못하는 사람이 있을까 해서 취하는 법적 조치다. 유럽의 의료보장국가에서는 정부가 주는 혜택을 원하지 않는 사람은 건강보험요양기관을 이용하지 않아도 될 수 있게 영리병원 이용을 허용하고 있다. 이때 정부가 주는 혜택을 포기하는 개인도 보험료는 반드시 납부하도록 규정하고 있다.

그러나 당연지정제로 강제 징발되는 의료기관은 재산상의 손해를 입을 수 있다. 따라서 의료기관이 당연지정제로 재산상의 피해를 입는다고 생각할 때는 계약을 하지 않도록 허락하는 계약제가 정당한 조치이다. 자본주의 국가를 유지하는 중요한 조건의 하나가 개인의 소유권을 인정하는 것이다. 건강보험제도가 아무리 국가적 사업이라 해도 자본주의 국가에서 재산상의 손해가 따를 수 있는 요양기관당연지정제를 용인하자는 것은 부당한 조치이다.

강제 가입을 법적으로 허용하니 당연지정제란 강제 징발제도도 합리적이라는 것은 혜택과 징발의 차이를 구분하지 못하는 논리의 미숙에 따른 주장이다. 즉 두 가지 행위를 같은 선상에서 비교한다는 것은 그야말로 뭘 모르고 하는 소리다.

둘째는 당연지정제를 택하지 않으면 유명병원이 건강보험과 계약을 하지 않을 것이므로 건강보험제도를 유지하기 어렵다는 주장이다. 이와 같은 주장도 비합리적 추론에 불과하다. 계약제를 하더라도 건강보험제도가 국가사업이기 때문에 공공병원이나 법인병원과 같은 비영리병원은 계약을 해야만 한다. 건강보험 계약 여부의 대상 의료기관은 순전히 비법인병원이거나 개업의원이다. 국내 유명병원은 전부 법인병원, 대학병원, 그리고 공공병원이다. 따라서 요양기관계약제를 택한다고 해서 유명병원이 계약을 하지 않을 것이라는 논리는 법인병원의 성격을 이해하지 못해 나오는 주장이다.

그리고 요양기관계약제를 비판하는 사람들은 건강보험계약제와 혼동하고 있다. 요양기관계약제의 주체는 의료기관인 반면, 건강보험계약제의 주체는 국민(개인)이다. 즉 같은 '계약'이라는 행위를 하지만 '주체'가 다르다는 점에서 이 두 가지 제도는 하늘과 땅만큼 완전히 다른 것이다. 건강보험계약제는 건강보험의 가입 여부에 대한 선택권을 부여하자는 것으로 「국민건강보험법」의 강제 가입조건을 정면으로 위반하는 초법적 발상이다. 따라서 우리나라에서는 있을 수 없는 일이다. 건강보험계약제는 대체형 민영보험에서 이루어진다. 건강보험 가입을 선택할 수 있는 계약제로 할 경우, 부자들은 건강보험 대신에 민영보험으로 계약을 바꾸게 되어 건강보험이 붕괴된다. 유럽 의료보장국가에서도 대체형 민영보험을 허용하는 국가는 없다. 다만 독일이 소득 상위 10퍼센트 국민에 한정하여 대체형 민영보험을 허용하고 있을 뿐이다.

요양기관계약제를 택했을 때, 계약된 의료기관을 이용하지 않고 보험 혜택을 포기하는 사람의 경우, 건강보험료는 반드시 납부하도록 하고 있다. 이러한 조치를 취하지 않는다면 부유한 사람은 보험료를 내지 않고 혜택을 포기하여 건강보험에서 벗어날 수 있다. 이렇게 된다면 건강보험제도가 붕괴되고 대체형 민영보험에 가입하는 것과 같아진다. 따라서 요양기관계약제로 계약병원을 이용하지 않을 경우, 본인이 정부가 법으로 제공하는 혜택을 포기하는 것이기 때문에 보험료는 누구나 반드시 내도록 하는 것이 당연하다.

4) 당연지정제와 위헌문제

자본주의 국가에서 모든 의료기관으로 하여금 건강보험 환자를 보도록 법으로 강제화하는 요양기관당연지정제가 헌법에 위반하지 않느냐 하는 문제에 대해 의료기관은 2002년, 2012년 및 2014년 세 차례에 걸쳐 위헌소청을 했다. 이에 대하여 헌법재판소는 모두 합헌으로 판시했다. 먼저 2002년 99헌마76의 요양기관당연지정제의 위헌 소청(「의료보험법」 1994년 1월 7일 개정과 「국민건강보험법」 1999년 2월 28일 전부개정의 관련 조항)에 대해서는 「헌법」 제10조, 제11조, 제15조, 제22조, 제23조, 제37조, 제119조제①항을 열거하여 합헌으로 결정을 내렸다. 그리고 2014년의 2012헌마865의 요양기관당연지정제 위헌 소청(「국민건강보험법」 2011.12.31. 법률 제11141호로 전부개정된 것의 제42조제①항 전문 중 제1호에 관한 부분)에 대해서는 「헌법」 제10조, 제11조제1항, 제15조 및 헌재 판례 99헌마76에 의거 합헌으로 결정을 내렸다. 2014년의 2014헌마455는 「의료법」에 따라 의사면허를 취득한 후 의료기관을 개설하거나, 의료기관에 고용되어 의료행위를 하거나, 또는 의료기관에서 인턴 또는 레지던트로 근무하고 있는 의사들이 「국민건강보험법」 제45조 등에 대한 위헌소청이었다. 청구인들은 「국민건강보험법」 조항들이 청구인들의 재산권을 제한한다고 주장했다. 그러나 헌법재판소는 「국민건강보험법」 조항들은 의료기관의 의료행위의 범위, 의료수가 등에 대해 규제할 뿐 의료기관 자체 또는 의료기관 내 설비의 사용·처분 등을 제한하는 것은 아니어서 재산권을 제한한다고 볼 수 없으므로(헌재 2014.4.24.; 2012헌마865 참조) 합헌으로 결정을 내렸다.

필자는 2021년에 펴낸 『의료보장과 구매이론』에서 요양기관당연지정제가 합헌이라는 설명을 할 때 그 이유를 헌법에 의료를 기본권으로 명기했기 때문이라고 했는데 이러한 주장은 필자의 오류였다. 의료를 기본권으로 인정하고 「국민건강보험법」에 강제 가입을 명기한 것은 앞에서 설명한 바와 같이 국민에게 혜택을 주기 위한 조치이기 때문에 당연히 합헌이 되지만 의료공급자를 강제로 요양기관으로 지정하는 것은 민간의료기관의 재산권을 침해하는 일이다. 의료를 기본권으로 헌법이 보장하여 의료 이용을 사회화한 것은 개인의 권리 침해를 하지 않는다. 아무리 의료 이용을 사회화하더라도 의료기관을 사회화할 수는 없다. 의료기관의 사회화는 자본주의의 절대 원칙인 민간의료기관의 재산권을 침해하는 문제가 있기 때문이다.

유럽 의료보장국가도 기본권인 의료보장을 명분으로 의료기관을 사회화하지는 않는다. 특히 요양기관당연지정제는 정부사업(건강보험)을 위해 강제 징발하는 조치다. 사유재산권을 인정하는 자본주의 국가에서 민간의료기관을 강제 징발하는 것은 앞에서 설명한 바와 같이 전쟁이나 재난이 닥쳤을 때이며 전쟁이 끝나고 재난이 수습된 이후는 당연지정제를 계약제로 전환해야 한다.

CHAPTER 5

영리화된 의료

1. 의료기관이 영리화된 의료보장국가

자본주의 국가에서 기업은 이윤극대화를 목적으로 창업을 하고 운영한다. 이러한 활동을 영리활동이라 한다. 영리활동을 잘해 이윤을 많이 남기면 국가적으로도 큰 환대를 받게 된다. 기업이 영리활동을 잘하여 이윤을 많이 남기게 되면 고용을 창출하여 많은 일자리를 제공한다. 그래서 자본주의 사회는 고용이 최대복지라 할 정도로 기업의 활발한 영리활동이 그 사회의 복지에 크게 이바지한다. 이 기업이 주식회사가 되어 주식이 상장되면 기업의 높은 영업이익은 주가를 올려 주주들의 소득을 높이는 역할을 하고, 거시적으로는 그만큼 국가에 내는 세금이 많아져 나라의 살림을 운영하는 데도 큰 도움을 줄 것이다.

대다수 국민들은 삼성이나 현대와 같은 대기업이 활발한 영리활동을 통해 글로벌 기업으로 성장한 것을 적극 환영한다. 기존 기업들의 영리활동으로 창출되는 이윤은 새로운 기업을 창업하려는 사람에게 큰 동기로 작용하게 된다. 그리고 기존 기업의 영리활동을 보장하기 위해 정부는 특허제도와 같은 법적 보호장치를 통해 기업의 신기술이 불법적으로 유출되는 것을 막아준다. 기존 기업들은 자신의 영업이득을 보호하고 더 많은 이익을 내기 위해 끊임없는 기술투자를 하여 자신의 분야에서 선두자리를 계속 유지할 수 있도록 노력한다. 이 같은 노력에 대한 인센티브는 역시 영업이익이다. 이윤을 많이 남기는 기업을 많이 둔 국가일수록 발전을 거듭하고 선진국으로 자리매김하는 것이 당연한 이치다. 우리나라도 6·25전쟁의 참화로 전국이 폐허가 되고 휴전이 이루어진 1953년의 1인당 GDP는 62달러에 불과하여 미국을 위시한 우방국의 원조로 국민들이 겨우 살아갈 수 있을 정도의 세계 최빈국이었다. 그러다 1962년부터 시작된 경제개발계획을 통한 기업의 활발한 영리활동에 힘입어 경제가 성장하고 1995년에는 원조대상국에서 벗어나게 되었다. 2009년 OECD 산하의 개발원조위원회(DAC)는 우리나라를 원조공여국가로 인정했고, 2021년 7월에는 유엔무역개발위원회(UNCTAD)가 우리나라를 개발도상국에서 선진국으로 발전했음을 공인했다. 기업의 영리활동은 국가의 경제를 성장시켜 국민 삶의 질 향상은 물론, 국격(國格)을 높이는 결정적 요인이 되어왔다.

　　그런데 자본주의 국가에서 생산자의 이윤 창출이 경제적 인센티브로 작동할 수 없도록 제한하는 분야가 있다. 그 분야가 바로 의료보장을 위한 의료기관의 의료서비스 생산활동이다. 물론 여기에서 이윤은 정상이윤을 상회하는 초과이윤을 뜻한다. 정상이윤은 의료서비스를 재생산하기 위한 기회비용으로 간주되어 생산비에 포함시키고 있다. 왜 자본주의 국가에서 의료보장을 위한 의료서비스 생산에서 초과이윤을 허용하지 않을까? 여기에 대한 답은 의료보장제도의 기본적 성격에서 찾아야 한다. 의료보장제도를 실시하게 되면 그 나라의 의료는 사회화가 되는 기본적 성격을 갖고 있기 때문이다. 사회보험방식의 의료보장제도를 유지하려면 두 가지 법적 장치가 필요하다. 첫째는 모든 국민에게 지불능력과 상관없이 의료서비스를 이용할 수 있도록 법률로 보장하는 일이요, 둘째, 이것을 가능하게 하려면 서비스를 제공할 수 있는 재정을 보험료라는 수단으로 부과·징수하는 것이 필요하다. 이때 보험료는 의료 이용과 무관하게 각자의 경제적 능력에 비례하여 부과하도록 법률로 규정해야 한다.

의료보장제도에서 두 가지 법적 장치가 제대로 작동될 수 있도록 하려면 정부(또는 보험자)는 또 다른 두 가지의 조치를 해야 한다. 첫째는 의료보장에서 제공하는 의료서비스 가격을 원가기준으로 책정하여 공급자가 초과이윤을 남길 수 없도록 하는 것이다. 이러한 조치는 제한된 재정으로 가급적 많은 서비스를 제공할 수 있게 한다. 둘째는 서비스 제공을 위한 공급체계(delivery system)를 조직화하여 의료 이용을 가급적 편리하게 할 수 있도록 하는 조치이다. 공급체계에 대해서는 뒤에서 별도로 상세하게 다루고 여기서는 원가기준에 관해서만 설명할 것이다.

원가기준이라는 말은 쉽지만 어떤 항목을 원가에 포함시키느냐에 따라 수가수준이 달라지기 때문에 사실상 원가를 안다는 것은 쉬운 일이 아니다. 정부가 원가를 턱없이 낮은 기준으로 책정하게 되면 의료서비스 가격은 낮출 수 있겠지만 서비스의 질이 떨어지거나 심하면 의료의 재생산이 불가능해져 서비스의 공급이 제대로 이루어지기 어렵다. 그래서 정부는 원가기준에 서비스의 안전성을 포함한 품질 유지비용이나 재생산을 위한 인센티브를 포함시킨다. 그래서 의료서비스 가격은 적정한 품질을 유지하면서 재생산이 가능하도록 정상이윤을 포함한 원가를 기준으로 설정하고 있다. 그리고 의료서비스의 가격이 시장의 수요와 공급에 좌우되지 않아야만 환자들이 안정적 상태에서 의료서비스를 제공받아 의료보장제도가 지속 가능해질 것이다.

의료서비스가 아닌 일반 상품은 가격이 수요와 공급에 의해 시장에서 결정되기 때문에 어떠한 제품의 수요가 공급보다 많아지면 시장에서 가격이 올라가게 되어 초과이윤이 발생하게 된다. 초과이윤이 발생한다는 것은 제품 생산에 자원 투입이 모자란다는 신호를 시장에 보내는 것과 같아서, 다른 재화를 생산하던 생산자들이 이 제품 생산으로 이동하여 가격을 내리게 만든다. 의료시장에서는 이와 같은 가격변동이 일어나게 되면 병이 난 환자가 제때 치료를 받지 못하는 위험한 일이 벌어질 수 있다. 이러한 일이 일어나지 않도록 의료보장제도를 도입한 것이다. 때문에 의료보장제도 아래서 의료기관은 영리(초과이윤)를 취해서는 안 되는 것이다.

의료보장제도가 없었을 때는 의료서비스도 시장에서 거래되었기 때문에 병이 났을 때 의료서비스를 안정적으로 받기 어려웠다. 즉, 소득이 올라가면 의료서비스는 우등재에 속하기 때문에 시장에서 수요가 증가하게 된다. 수요가 공급보다 많아지면 가격(의료수가)이 올라가 필요한 의료서비스를 받지 못하는 사람들이 발생하게 되는 것이다. 물론 시장 거래가 이루어지면 공급이 증가하게 되어 의료수가가 제자리로 돌아오겠지만, 의료공급을 늘리려면 의사 수부터 늘려야 하는데 의사 양성은 적어도 10년이라는 세월이 소요되므로 의료서비스 공급을 늘리는 기간 동안에는 가격이 높아 의료서비스를 제대로 받지 못해 고통 받는 사람이 생기게 마련이다. 즉, 의료서비스에서 초과수요가 발생하여 가격이 올라가면 공급자들은 초과이윤을 얻게 된다. 이러한 생태가 지속되려면 의료시장은 다른 상품시장과 마찬가지로 공급자의 영리적 활동이 장려되어야 한다. 의료의 영리적 활동이 장려되면 환자가 안정적으로 의료서비스를 받기 어렵다. 이러한 문제를 해결하기 위해 의료보장제도가 필요하며 의료보장제도에 참여하는 의료기관은 영리활동이 금지된다.

의료보장제도에 참여하는 의료기관의 영리활동을 금하는 이유는 결국 의료보장제도로 의료의 사회화가 이루어지기 때문이다. 미국이 1935년 「사회보장법」에 의료보장제도의 포함을 반대하는 의사회에 동조한 대표적 집단이 상공회의소나 제조업 협회와 같은 경제단체였다는 것은 의료도 일반상품과 같이 간주하고자 하는 미국 사회의 가치관이 반영되어 있다. 그런 미국도 의료기관을 보면 영리병원이 대략 20퍼센트 이하를 점유하고 있다는 사실은 미국에서도 의료기관의 영리화를 그렇게 반기는 분위기가 아니라는 방증이다.

2. 영리와 무관하게 운영된 초기의 건강보험의료

우리나라는 건강보험제도로 국민의 의료를 보장하는 국가이다. 이런 나라에서 언제부터인지는 확실히 구분하기 어렵지만 의료기관이 영리화의 길로 들어서고 있는 문제가 나타나고 있다. 유럽의 대부분 의료보장국가들은 영리병원을 인정하고 있으나 소수에 그치고 있어 큰 문제가 되지 않는다. 그런데 우리나라는 영리병원이 인정되지 않음에도 의료기관의 영리화로 의료보장을 토대로 하는 의료체계의 지속가능성을 위협하는 아이러니한 일이 벌어지고 있다.

특히 유럽이나 미국의 경우, 의료기관의 영리화는 인가된 영리병원에서만 이루어지는데 우리나라는 병원은 물론 개업의들도 영리화를 추구하고 있다. 유럽이나 미국은 개업의사와 병원의 역할이 구분되는데 우리나라는 개업의사와 병원이 경쟁을 이루는 의료체계로 되어 있다. 이와 같은 의료체계를 갖추고 있는 상황에서 개업의마저 영리활동으로 초과이윤을 얻게 되자 병원 봉직의들이 빠져나가 개업을 하게 된 것이다. 이렇게 됨으로써 우리나라 병원들은 의사 부족이라는 문제에 직면하게 되었다. 의료기관의 영리화는 의료공급체계의 왜곡을 심화시켜 수익성이 나쁜 전문분야(예컨대, 소아과 및 산부인과)에는 전문의나 전공의 부족을 초래하여 의료공백을 야기하기도 한다.

그러나 우리나라가 1977년 건강보험제도를 도입했을 당시에는 의료기관의 영리화와 같은 문제는 생각할 수도 없었다. 의료보장제도 운영의 첫 번째 원칙은 의사나 병원과 같은 의료공급자들이 의료서비스를 돈벌이 수단으로 삼아서는 안 된다는 것이다. 의료보장제도가 의료의 사회화를 이루는 것인데, 여기에서 영리화란 의료 사회화를 정면으로 부인하는 것이다. 의료보장국가에서 의료를 영리의 수단으로 삼아서는 안 된다는 원칙이 의사의 윤리가 되고 있다. 유럽의 의료보장국가나 일본에서는 이러한 원칙이 의사의 윤리로 정립되어 있다. 우리나라는 적어도 건강보험이 통합되기 전에는 이 원칙이 제대로 지켜져 의사들은 국민들로부터 존경을 받았다.

물론 의사의 윤리만으로 원칙을 지키라는 것은 무리다. 정부가 의료정책을 제대로 설계하여 의사들이 돈의 유혹에 빠지지 않도록 하는 것이 중요하다. 자본주의 국가에서는 의사도 일반인과 같이 돈을 싫어하지 않는다. 건강보험제도는 환자가 의료수가를 인식할 수 없도록 만들었기 때문에 환자는 보험제도가 시행되면 의료서비스가 무료인 양 인식하여 이용을 늘린다. 이때 의료수가를 잘 관리하지 않으면 의료기관에서는 늘어난 환자로 수입을 높여 영리적 행태를 보일 수 있다. 정부는 의료서비스가 영리의 수단이 되지 않도록 건강보험 의료를 올바르게 관리하는 노력을 해야 한다. 우리나라도 건강보험제도를 도입한 초기에는 의료가 영리의 수단이 되지 않도록 제대로 관리했다고 볼 수 있다.

의료공급자들이 돈의 유혹에 빠지지 않도록 하기 위해서는 정부는 의료서비스의 가격을 원가를 토대로 설정할 수 있는 능력을 배양해야 한다. 그런데 원가는 평균적 개념이기 때문에 의료기관의 경영능력에 따라 원가보다 낮게 서비스를 생산할 수도 있고, 원가보다 높게 서비스를 생산할 수도 있다. 원가보다 낮게 서비스를 생산하는 의료기관은 초과이윤을 낼 수 있다. 이 같은 의료기관에 대해서는 정부가 초과이윤의 사용에 대해 세심한 관리지침이 필요하다. 즉, 초과이윤이 의료기관 밖으로 유출되지 않도록 관리할 수 있어야 한다는 것이다. 반대로 원가보다 높게 생산하는 의료기관은 종국적으로 파산에 이르게 된다. 그러나 이 기관이 지방에 위치하여 환자 수가 경제 단위가 안 되어 적자를 발생시킬 경우에는 정부가 보조금을 지불하여 의료공백이 생기지 않도록 유의해야 한다. 그런데 원가보다 높게 생산하는 의료기관이 경영상의 문제로 적자가 나는 경우는 정부가 보조금을 줄 명분이 없어진다. 도시에 있는 공공병원이 경영상의 문제로 적자를 낼 경우는 보조금 지급을 과감하게 중단하여 재정자립을 유도해야 한다.

우리나라의 의료기관들은 정부가 의료서비스 가격을 지나치게 낮게 책정한다고 늘 불평해왔다. 따라서 의료기관들이 영리화의 길로 들어갈 수 있는 길을 의료수가에서 찾을 수는 없다.

우리나라는 1977년 7월에 건강보험을 도입하면서 일본 제도를 모방하여 의료기관이 영리 위주로 운영하지 못하도록 법적 장치를 마련했다. 건강보험과 같은 사회제도를 도입할 때, 운영 경험이 없는 국가는 제도를 먼저 실시하고 있는 국가를 참고해야 시행착오를 줄일 수 있다. 일본은 이미 1922년 「건강보험법」을 제정하고 1927년부터 근로자를 대상으로 건강보험을 시행했고, 1961년 도시지역주민들을 마지막으로 보험에 적용하여 전국민건강보험을 세계에서 가장 먼저 시행한 국가이기 때문에 우리나라가 참고하기에 매우 적합했다. 일본은 건강보험을 도입한 이후 오늘에 이르기까지 건강보험을 통해 의료기관이 영리화가 되어서는 안 된다는 원칙을 굳건히 유지하고 있는 국가다. 우리나라는 [Box 1]에서 볼 수 있는 바와 같이 일본의 건강보험제도를 참고하여 제도를 설계했다.

우리나라가 일본 제도를 참고했기 때문에 초기에 건강보험제도를 설계한 정책담당자 역시 의료를 통해 영리를 추구해서는 안 된다는 정책의지가 강했다. 건강보험에서 제공하는 보험급여(주로 의료서비스)에는 의료기술을 나타내는 행위(技)와 이러한 행위를 위해 소요되는 의약품이나 의료소모품 같은 물적 요소(物)의 두 가지가 있다. 행위료인 기(技)는 원가를 기준으로 가격을 산정하고, 물적 요소인 의약품은 약가조사를 통해 원가를 기준으로 가격을 설정하여 최종적으로 '의료보험진료수가기준액표'를 작성했다.

[Box 1] 일본 건강보험제도를 벤치마킹하게 된 배경

우리나라에서 건강보험제도의 도입에 대해 보사부는 1975년 말까지는 매우 회의적이었다. 그러다 1975년 12월 19일 신현확 장관이 부임하여 그동안 실무차원에서 준비한 의료보험 실시 계획을 보고 받은 후 장관은 보험 실시에 강한 집념을 나타냈다. 당시 경제기획원에서는 국민연금을 먼저 실시할 것을 주장했고, 보사부는 의료보험을 먼저 실시하자는 주장이었다. 1976년 1월 15일 박대통령은 연두 기자회견에서 '제4차 경제개발 5개년계획의 기본 방향으로 사회개발에 중점을 두는 동시에 모든 국민이 적은 비용으로 의료혜택을 받을 수 있는 '국민의료제도'의 확립을 언급하게 된다. 그러나 박대통령은 의료보험에 대해서는 미온적 입장을 취하고 있었다. 신현확 보사부장관은 1976년 5월 6일 '제4차 경제개발 5개년계획'에 포함될 '의료보장 10개년 계획'의 보사부 시안을 확정하고, 1976년 9월초에 「의료보험법(안)」을 포함한 의료보장계획에 대하여 박대

통령의 최종 재가를 받게 되었다. 이어 그해 말 정기국회에서 1963년도에 제정되었던 「의료보험법」을 전면 개정하여 임의가입을 당연가입으로 바꾸고 1977년 7월부터 의료보험을 실시하도록 의결했다(이규식 2022, 『국민건강보험의 발전과 과제』).

건강보험제도의 도입이 이렇게 급작스럽게 결정이 되었기 때문에 도입을 위한 준비에 많은 시간을 쏟을 형편이 아니었다. 그뿐 아니라 국내에는 이 분야 전문가도 없었다. 특히 보험제도를 운영하려면 수가제도가 골간이 된다. 당시 보사부에서 의료보험 실무를 담당하던 김일천 사무관은 수가제정 작업을 억지로 떠맡아 고민을 하던 중 신현확 장관이 1976년 8월 중순 경 일본 건강보험 진료보수점수 갑(甲)표와 을(乙)표 해설서 2권을 김사무관에게 전달했다. 김사무관은 밤낮으로 공부하여 갑표는 병원에 을표는 의원에 주로 적용하는데 선택은 의료기관이 할 수 있고, 두 표는 기본진료료만 다르고 나머지는 동일한 점수표였음을 알게 되었다. 김사무관은 책을 몇 번 읽으니 수가체계에 대한 개념이 이해되고, 행위별수가는 '기술(技)'과 '물(物)'로 분리하여 가격을 정하고, 진료보수를 청구한다는 점도 이해하게 되었다. 그후 구체적인 수가작업을 위해 일본에 출장도 가는 등으로 노력하여 겨우 수가표를 작성하게 된다(김일천 2015, 『대한민국 건강보험, 이렇게 만들어졌다』).

건강보험제도를 실시하기 위해서는 보험료를 적정하게 책정하고 이를 징수하는 것도 중요하지만 보험에서 제공할 의료서비스 및 의약품 등의 범위(보험급여)를 정하고 각 각에 대하여 수가를 책정하는 것도 중요하다. 초기에 행위료(기술료)와 의약품의 가격을 어떻게 설정했는지는 [Box 2]에서 간략히 살펴보기로 한다.

먼저 행위료는 당시 의료기관의 수가를 조사하여 산정할 수 있었다. 모든 의료기관을 대상으로 수가를 전수로 조사할 수 없었기 때문에 표본 의료기관을 선정하여 조사했다. 표본의료기관에 대해서는 외과와 정형외과, 신경외과, 이비인후과, 안과 등 각 전문과별로 진료행위, 행위별 난이도, 행위별 시술시간, 행위별 빈도를 조사하여 행위별 점수를 결정했다. 그리고 최종적으로 행위별 점수를 결정함에 있어서 시술빈도가 가장 높은 행위그룹은 점수에서 5퍼센트를 삭감하고, 그 다음 그룹은 4퍼센트를 삭감하는 식으로 빈도가 높은 행위의 점수를 감점하는 방식으로 최종점수를 결정했다. 이 점수에 점당 가격을 곱하여 수가를 산정했다. 이 수가는 당시의 관행수가의 55퍼센트 수준이었다.[39] 의료계는 수가가 낮다고 호소했으나, 건강보험제도가 실시되면 의료 이용률이 높아지기 때문에 의료기관이 적자로 문을 닫지는 않을 거라고 설득했다.

---

39 앞의 공공의료부문의 주37)에서 가산율이나 약가 마진 등을 감안하면 관행수가의 75퍼센트는 된다는 견해도 있다.

[Box 2] 보험제도 설계를 위한 수가작업 과정

당시 보사부내 사무공간이 협소하여 의사협회 등의 여러 사람들의 자문을 받아서 일하기는 어렵다는 것을 알고 신 장관은 수가작업을 의사협회에 나가 협회의 협조를 받도록 지시함에 따라 김사무관은 수하 직원 1명과 의사협회에서 업무를 하면서 의사들의 자문도 받았다. 그 이전인 1976년 9월 보사부에서는 '의료보험수가제정 조정위원회'를 구성했다. 의료보험수가는 의료계의 협조와 도움 없이 보사부가 일방적으로 추진할 수 없다는 점을 이해한 신 장관의 지시로 정부 대표와 의협 및 병협 대표 8인으로 구성했다. 정부 대표로 당시 주무국인 복지연금국장과 의정국장, 의협에서는 사무총장, 개원의사 2인, 병협에서는 기획이사, 병원장 2인으로 하고 간사는 김일천 사무관이 맡게 되었다.

먼저 한 일은 9개 대학병원과 종합병원의 관행수가표를 수집하여 수가구조와 병원 간 및 행위 간 수가의 고저를 비교했다. 수가표를 보니, 진료항목이 가장 많은 병원이 약 320개, 일반적으로 170~180개 항목을 사용했고, 수가표는 수가의 하한선만 정해져 있는 포괄수가제였다. 따라서 병원이 사용하던 관행수가표는 행위별수가표를 만드는 데 큰 도움이 되지 못했다. 행위별수가표를 만들기 위해서 다양한 시도를 했으나 제대로 되지 못함에 따라 일본 수가표를 적용하려는 시도를 했다. 일본은 행위를 점수로 표현하고 환산지수(점당 가격)를 10엔으로 하고, 점수는 행위간 비례방식의 상대가치였음을 알았다. 일본의 점수표를 응용하려고 시도했으나, 의료계에서는 일본과 우리나라의 사정이 다르다는 점을 지적했다. 일본은 의약품, 의료장비와 재료 등을 국내에서 거의 생산하지만, 우리는 수입에 의존하고 있는 점, 일본은 발달된 의료기계와 기구를 사용하여 수술을 쉽게 하지만, 우리는 재래식으로 어렵게 수술을 하기 때문에 일본에서는 점수가 낮은 행위가 우리나라에서는 점수가 높아야 하는 등의 문제가 있었다. 이로 인하여 일본의 '진료보수점수표'를 원용하여 우리의 의료보험수가표를 제정하려는 것은 불발로 끝났다. 이에 신현확 장관이 실무진에게 일본으로 출장을 가서 일본은 어떻게 수가를 정하여 운영하는지 보고 오라는 지시를 했다. 당시 공무원 출장이 길어야 1주일이었는데, 무려 3주간 출장을 의료계 대표들과 함께 갔다 올 것을 지시했다. 그래서 보사부 3인, 의료계 3인으로 구성하고 단장은 병협 기획이사가 맡았다.

일본에서 수가표 작성에 직접 참여한 전문가에게 수가 항목의 난이도나 시술시간을 어떻게 책정하느냐에 대하여 '감으로 한다'는 답을 들었다. 그 감이란 무엇이냐는 질문에 의사들끼리 모이면 진료행위의 난이도라든가 시술시간에 대한 감을 갖고 토론에 임하기 때문에 비례적인 점수를 정할 수 있다는 대답을 들었다.

귀국 후 출장 내용을 토대로 하여 우선 난이도와 시술시간을 참고하여 의료보험수가를 정하고, 큰 틀에서 인건비 절약 등 병원경영합리화를 도모하고 당시 표준소매가(구입가)의 3~10배를 받던 약가를 하향조정하는 것을 전제로 보험수가를 정했다. 행위별 분류는 의료비 증가를 방지하기 위해 지나치게 행위를 세분화하지 않는다는 대원칙을 정했다(김일천 2015, 전게서).

한편 의약품의 경우 대상의약품의 원가를 산정하는 것이 어려웠다. 그런데 제약회사의 결산서 부표에 품목별 매출량과 매출액표가 첨부된 사실을 알고, 매출액을 매출량으로 나누어 품목별 원가를 산정했다. 산정된 원가(생산비)에 대하여 도매마진율을 5퍼센트, 소매마진율을 7퍼센트로 하여 약가를 산정했다. 이와 같은 과정을 거쳐 고시된 진료수가는 초과이윤이 발생할 여지가 없었다. 다만 의약품은 유통과정에서 의약품 도매상이 고시된 가격보다 낮게 판매하는 경우가 많아 의약품을 고시가보다 낮게 구매하는 의료기관은 초과이윤을 얻을 수 있었다. 그러나 초기에는 기술부분인 행위료가 낮았기 때문에 의약품 구매에서 초과 이윤을 얻을 수 있었으나, 낮은 기술료를 보전하는 수준이었기 때문에 의료기관이 영리화될 수준은 아니었다.

특히 일본은 비급여라는 개념이 없었기 때문에 용어도 없었다. 따라서 일본 제도를 참고한 우리나라도 초기에는 비급여라는 용어가 없었다. 다만 제도가 도입되기 이전부터 병원에 존재했던 상급병실제도와 특진제도(선택진료)는 환자가 부담하는 조건으로 그대로 두었으나 이것을 비급여라는 용어로 부르지 않고, 종래대로 상급병실과 특진이라는 용어를 사용했다. 그러던 것이 2000년 건강보험제도를 통합하면서 「국민건강보험법」에 비급여서비스를 인정하여 의료기관이 영리화의 길로 들어설 수 있도록 만들었다. 필자는 우리나라 의료공급자들이 영리화로 빠져 들 수 있게 된 원인을 두 가지에서 찾는다. 하나는 비급여서비스의 제공이며, 또 하나는 실손보험제도의 도입을 꼽는다. 이 문제들은 나중에 차차 설명할 것이다.

3. 건강보험 통합 전 진료비 심사제도에 대한 의료계의 불만

당시 우리나라에서 수가표를 설계한 정책담당자는 일본의 '진료보수점수표'에서 진료행위가 세분화된 것을 보고 이것이 진료행위량을 증가시킬 것으로 판단, 일본에 비해 진료행위를 포괄적으로 규정했다. 그러다 보니 의료기관들이 서비스를 제공하면서 '진료수가기준액표'의 어느 항목을 적용해야 할지 고심하는 경우가 많았다. 이와 같은 의료현장의 애로사항을 해결하기 위해 '진료수가기준액표'에 등재되지 않은 서비스를 제공할 경우, 수가표에 등재된 항목과 유사하다면 유사항목의 수가를 준용하도록 하고 준용하기 곤란한 특수 또는 새로운 진료행위에 대해서는 보사부장관이 별도로 인정하는 기준에 따르도록 했다. 새로운 진료행위를 인정받기가 용이하지 않아 대부분 의료기관은 유사항목을 준용하는 방법을 택하여 수가표에 없는 서비스를 제공할 수 있었다. 그러다 보니 비급여라는 용어를 사용할 필요도 없었다. 그런데 의료현장에서는 등재된 항목과 유사하다고 생각하여 서비스를 제공하고 진료비를 청구할 때 심사당국(의료보험연합회 심사부)이 유사한 행위로 인정해주면 진료비를 받을 수 있는데 그렇지 못하면 부당청구로 간주하여 진료비가 삭감되는 일이 자주 벌어졌다.

따라서 의료계로서는 보험자 단체인 의료보험연합회가 심사하는 것도 못마땅한데 청구한 진료비가 삭감되자 더욱 심사체계에 불만이 쌓이게 되고, 급기야는 건강보험을 통합하자는 운동이 일자 이에 동조하게 된 것이다.

4. 상대가치수가제도의 등장과 비급여서비스

1) 행위별수가제의 변동

건강보험 통합 논의는 전두환 정부 때부터 제기되었다. 그러나 찬반논쟁만 지속되다가 실제 통합은 김대중 정부 때인 2000년 7월에 이루어진다. 통합으로 여러 가지 변화가 일어났으나 진료비 심사·청구와 관련된 중대한 변화는 의료계에서 문제로 삼던 진료비 심사·청구에서 유사한 의료행위는 등재된 수가를 준용하는 방식에서 벗어날 수 있게 되었다. 정부가 유사행위 준용방식을 바꾸려는 노력을 특별히 한 것이 아니라 행위별수가의 산정방식을 상대가치제도로 바꿈에 따라 준용방식이 사라지게 된 것이다. 행위별수가의 산정방식이나 가격설정에 대한 문제점이 1980년대 말부터 의료현장에서 꾸준히 제기되어 왔다. 이 문제를 해결하기 위해 (뒤에 설명할) '의료보장개혁위원회'는 행위별수가의 산정방식을 변경하자는 결정을 내리게 된다. 이 결정에 따라 2001년부터 새로운 수가산정방식이 등장하면서 유사항목 준용방식이 없어지게 되었다.

행위별수가의 산정은 행위간의 상대적인 가치(점수로 표기)로 하게 된다. 1977년 7월부터 건강보험수가는 점수제로 했다. 즉, 보험수가 =상대가치 점수×점당 가격(환산지수)로 했다. 처음 정해진 점당 가격은 10원이었다. 그리고 진료비 청구는 점수로 하게 되었다. 그런데 점수제 시행 후 의료기관들 가운데는 점수제를 제대로 인식하지 못했는지 진료비 청구를 점수로 하지 않고, 점수에 점당 가격을 곱하여 하는 사례가 벌어지곤 했다. 당시는 의료기관이 환자 진료비를 의료보험조합에 청구하고 조합에서 청구내용을 심사[40]하여 지급하는 방법이었는데 보험조합의 직원도 점수제를 제대로 이해하지 못하는 문제가 있었다.[41] 이에 정부는 점수제의 점당 가격에 대한 인식이 제대로 되어 있지 못하다고 판단하여 1981년 6월 15일 시행규칙을 개정, 7월부터 점수에 10원을 곱한 금액으로 청구하는 금액제로 바꾸었다.

당시는 점수제의 이점을 이해하지 못해 점수로 하든, 점수에 금액을 곱한 금액제로 하든 동일한 것으로 착각했다. 점수제의 이점은 행위간의 상대가치를 반영하는 것이고, 점당 가격은 인플레이션을 반영하는 것이었다. 점수제는 행위간의 균형을 맞추는 기능을 했는데 금액제로 바뀌자 행위간의 조정이 쉽지 않아 서비스 항목간 균형이 깨지게 되었다. 특히 당시 보험수가는 물가당국인 경제기획원(현 기획재정부)이 통제하고 있었기 때문에 기존 서비스의 가격을 인플레이션에 맞추어 모두 조정하기란 사실상 불가능했다. 따라서 금액제를 사용하면서 기존 서비스와 새로 추가되는 서비스간의 상대적인 중요도를 반영한 가격 설정이 어려웠다. 즉, 수가표의 조정은 새로운 의료행위가 추가되거나 인플레이션의 요인이 있을 때 이루어진다. 그런데 두 요인이 혼재되기 때문에 수가의 조정에서 각 진료행위들의 원가를 정확히 반영하기 어려워 의료행위의 왜곡이 일어나는 문제가 생긴 것이

---

40 처음에는 조합이 심사를 했으나, 1979년 7월 1일부터 보험자 단체인 전국의료보험협의회 내에 의료보험요양비용 심사위원회를 설치하고 심사를 전담하게 되었다.

41 진료비 청구를 점수로 하는데 점당 가격을 곱하여 청구하는 사례(진료비가 10배가 됨)가 밝혀져 문제가 되었으나, 당시에 청구 의료기관이나 조합 직원 모두 점수제를 제대로 인식하지 못한 실수라고 해명함에 따라 부당 청구로 간주하지 않고 제도상의 문제로 인식하게 되었다.

다. 1981년 채택한 금액제를 오래 시행함에 따라 1980년대 말 이후부터 행위간의 불균형이 심화하여,[42] 의료현장에서 원가에 근접하는 행위는 서비스량을 늘리고, 원가에 미흡하는 서비스는 기피하는 경향이 일어났다. 예컨대, 정상 분만은 원가에 크게 미흡하지만 제왕절개를 하면 원가에 근접하게 되어 제왕절개 분만이 늘어나는 등의 문제가 생긴 것이다.

2) 상대가치수가제도로 전환

1994년 정부는 '의료보장개혁위원회'를 구성하고 의료보장제도의 전반적인 문제를 다루는 가운데 행위별수가제의 개편에 관해서도 논의했다. 한편 미국에서는 1966년 Medicare제도를 도입하면서 의사진료비는 행위별수가로 지급[43]했는데 수가 산정은 별도로 하지 않고 Medicare제도가 없었을 때 사용하던 관행수가(customary, prevailing, and reasonable, CPR)[44]를 사용하고 있었다. 관행수가는 우리나라에서도 건강보험제도가 없을 때 사용하던 방식인데 어떠한 기준이 없기 때문에 일관성이 없고, 서비스 행위간의 부조화 등의 문제가 있었다. 1985년 하버드대학의 Hsiao 교수팀은 미국 관행수가의 문제점이 많다는 사실을 깨닫고는 행위별로 투입자원을 토대로 상대가치 (resources based relative value scale, RBRVS)를 산정하는 방법을 개발하

---

42 행위별수가를 금액제로 하는 한 시간이 흐를수록 항목간의 불균형이 심해지게 된다.

43 미국은 1966년 Medicare를 도입하면서 의사진료비는 행위별수가로 병원진료비는 일당진료비로 지불하게 되었다.

44 관행수가를 미국에서 UCR(usual, customary, and reasonable, UCR) fee라 부르기도 한다.

여 이를 1988년 9월 JAMA에 발표했다. 이에 따라 미국 Medicare제도는 1992년부터 의사진료비를 행위별수가로 하면서 상대가치를 토대로 가격을 산정하여 지불하게 되었다.

'의료보장개혁위원회'는 우리나라도 미국에서 실시하고 있는 상대가치결정방식을 적용하여 행위별수가를 산정하자는 결정을 내렸다. 이에 따라 상대가치수가에 대한 연구 끝에 2001년부터 실행에 들어가게 되었다. 상대가치수가 방식으로 하려니 과거에 수가표에 등재된 항목을 준용하는 방식은 사용할 수 없고, 어떠한 행위라도 수가표에 등재되어 상대가치점수를 받아야만 진료비를 지급받을 수 있었다. 그렇게 함에 따라 수가표인 '진료수가기준액표'의 등재 항목이 대폭 증가되어 청구와 심사의 모호성이 사라지게 되었다. 그리고 건강보험이 통합되면서 심사기구를 독립시켜 '건강보험심사평가원'이 '국민건강보험공단'과 별도로 설립되었다. 이와 같은 두 가지 개혁안에 대해 의료계는 크게 만족했다.

3) 비급여서비스의 인정

여기까지는 문제가 없었으나, 상대가치수가표에 모든 진료항목을 보험의 급여대상으로 등재하기 어려워 건강보험 통합 전에 없던 비급여서비스를 법적으로 용인하는 조치가 이루어졌다. 통합을 위해 1999년 2월 8일에 제정된 「국민건강보험법」 제39조(보험급여)에는 "③ 보건복지부장관은 제②항의 규정에 의하여 요양급여의 기준을 정함에 있어서 업무 또는 일상생활에 지장이 없는 질환 기타 보건복지부

령이 정하는 사항은 요양급여의 대상에서 제외할 수 있다"라고 규정했다. 이 규정을 토대로 건강보험을 통합하기 전날인 2000년 6월 30일 제정된 「국민건강보험요양급여의 기준에 관한 규칙」 제9조(비급여대상) ① 법 제39조제③항에 따라 요양급여의 대상에서 제외되는 사항(이하 "비급여대상"이라 한다)은 [별표 2]와 같다 하여 「국민건강보험요양급여의 기준에 관한 규칙」에 "비급여"를 규정하게 되어 통합 전과 전혀 다른 환경을 만들었다. 그리고 2016년 2월 3일자로 개정된 「국민건강보험법」은 제41조(요양급여) ④ 보건복지부 장관은 제③항에 따라 요양급여의 기준을 정할 때 업무나 일상생활에 지장이 없는 질환에 대한 치료 등 보건복지부령으로 정하는 사항은 요양급여 대상에서 제외되는 사항(이하 "비급여대상"이라 한다)이라고 규정했다. 이에 따라 "비급여"라는 용어가 시행규칙에만 사용되던 것이 「국민건강보험법」에도 등장하게 된 것이다.

문제는 비급여를 법적으로 인정했지만 「국민건강보험법」이나 「국민건강보험요양급여의 기준에 관한 규칙」에서 비급여서비스의 수가를 결정하는 규정이 없었다는 데 있었다. 비급여서비스의 진료비는 건강보험재정에서 지불하는 것이 아니므로 「국민건강보험법」에 수가를 결정하는 조항을 넣을 수 없다는 것이 문제였다.

그런데 전국민건강보험을 달성하기 전에 건강보험제도에 적용되는 근로자들에 대해서는 '진료수가기준액표'에 고시되는 수가를 적용하여 진료비를 받았지만, 보험이 적용되지 않는 지역주민들에 대해서는 의료기관이 자율적으로 정하는 관행수가로 진료비를 받을 수밖에 없었다. 이와 같은 관행수가는 앞에서 언급한 바와 같이, 같은 의료행위라도 의료기관에 따라 다르고, 환자에 따라 차등화하기도 했다.

건강보험이 미적용되는 국민에게 적용하는 관행수가는 정부에서 가격을 설정할 수도 없었는데, 우리 정부는 관행수가를 관리할 수 있을 것으로 착각하여 「의료법」에 수가 규정을 포함시키는 우를 범했다.[45] 즉, 1973년 개정된 「의료법」 제37조(의료보수)는 "의료기관이 환자 등으로부터 징수하는 의료보수에 관하여 그 지역을 관할하는 도지사의 인가를 받아야 한다"고 규정했다. 「의료법」의 이러한 규정은 실효성이 없었다. 수가는 전문적인 지식을 갖추지 않으면 알 수도 없는 내용인지라 중앙부처에서도 수가를 다룰 관료가 부족했기 때문이다. 특히 시·도 및 구·시·군에 수가를 이해할 수 있는 전문 공무원은 전혀 없는데 「의료법」에서 관행수가를 지방관서장에게 인가받도록 규정한 것은 중앙정부의 면피용 법률에 불과했다. 그래서 「의료법」의 의료보수 규정은 사문화될 수밖에 없었다.

사문화된 「의료법」의 의료보수 규정이 건강보험 통합 후 비급여가 일반화되자, 비급여서비스를 제공하고 그 대가로 수가를 받을 수 있는 법적 근거로 활용되는 기이한 일이 벌어졌다. 그런데 2000년에는 「의료법」을 개정하여 제37조(의료보수) "의료기관이 환자 등으로부터 징수하는 의료보수에 관하여는 종합병원·병원·치과병원·한방병원 또는 요양병원은 그 지역을 관할하는 시·도지사에게 신고해야 하

---

45 관행수가는 그야말로 의사들의 환자를 진료하고 관행적으로 받는 진료비로 당연히 환자에 따라 다를 수밖에 없었다. 의사는 진료한 환자가 경제적 어려움이 있다고 판단되면 수가를 낮게 받는 차등수가를 적용하기도 했다. 따라서 관행수가는 획일적으로 정할 수 없었기 때문에 방치하는 것이 원칙이다. 관행수가의 문제점을 없애려면, 의료보험을 실시하는 길 밖에 없다. 그럼에도 「의료법」에 수가 규정을 한 것은 공무원들이 수가를 정할 수 있다고 판단한 관료행정이 초래한 어리석은 조치라 하겠다.

고, 의원·치과의원·한의원 또는 조산원은 시장·군수·구청장에게 신고해야 한다"고 했다. 비록 「의료법」에 비급여수가를 시·도지사나 시장·군수·구청장에게 신고하도록 규정했지만 이를 검토할 전문 공무원이 없는 지방관서에서는 이 조항도 사문화될 수밖에 없고, 의료기관은 비급여서비스를 제공하고 가격은 자체적으로 설정할 수밖에 없었다.

이 같은 면피용 법조문이 문제가 있다고 생각해 2010년에 「의료법」을 개정하여 제45조(비급여 진료비용 등의 고지)는 "① 의료기관 개설자는 「국민건강보험법」 제39조제③항에 따라 요양급여의 대상에서 제외되는 사항 또는 「의료급여법」 제7조제③항에 따라 의료급여의 대상에서 제외되는 사항의 비용(이하 "비급여 진료비용"이라 한다)을 환자 또는 환자의 보호자가 쉽게 알 수 있도록 보건복지가족부령으로 정하는 바에 따라 고지해야 한다"라고 했다. 즉, 비급여서비스의 가격을 의료기관이 자의적으로 정하고, 이를 고지한 후에 고지된 가격 이상으로 받지 않는다면 비급여서비스를 제공할 수 있게 되었다. 따라서 비급여서비스는 의료기관에 따라 가격을 달리 책정할 수도 있으며 얼마든 초과이윤을 남길 수 있게 되어 의료기관이 영리화의 길로 들어설 수 있도록 했다.

5. 비급여와 의료기관 영리화

건강보험 통합이 여러 가지 문제를 나타냈지만 그 가운데 가장 큰 잘못은 비급여를 법적으로 제공할 수 있게 한 것이다. 법으로 정해진 비급여는 그렇다 치더라도 법으로 금지된 임의비급여를 의료기관이 제공해도 현장에서 구분하기도 힘들어 비급여가 만연하게 되었다. 여기에 더하여 「의료법」은 비급여서비스 가격을 의료기관이 자의로 책정하고 환자나 보호자가 볼 수 있는 곳에 게시만 하면 진료비를 받을 수 있게 규정했으니, 비급여서비스는 원가를 초과하여 제공해도 전혀 문제가 되지 않았다.

원가를 상회하는 비급여서비스 제공이 법적으로 뒷받침 받게 되자 의료기관은 비급여서비스와 급여서비스를 같이 제공하는 혼합진료가 일상화되어 의료기관은 급성장할 수 있게 되었다. 혼합진료의 일상화에 따른 문제는 의료기관도 영리를 남길 수 있는 기관으로 만들어 건강보험의 기본원리와 멀어지도록 했다.

특히 대형병원일수록 비급여서비스를 제공할 가능성이 높아 병원성장이 빠르게 되었다. 그런데 우리나라 의료기관은 의료의 안전성이나 질적 수준보다는 환자를 많이 끌어올 수 있는 의사가 의료기관 경영에 유리한 소위 '우수 의사'로 인식되었다. 의료기관은 이와 같은 '우수 의사' 확보를 위해 높은 보수를 제시했다. 우수 의사를 확보하려니 진료 수입이 높아야 했으며, 이를 위해 대형병원들은 의사들에게 성과급을 지급하기에 이르렀다. 민간병원들이 이렇게 경영전략을 세우니 공공병원, 특히 국립대병원은 '우수 의사'를 빼앗기지 않도록 성과급은 물론 비급여서비스 제공에 눈을 돌려 공공병원들도 영리화의 길로 나아가게 된 것이다.

병원급 의료기관의 비급여서비스는 신기술이나 고가장비 사용을 통해 주로 창출했다. 그리고 병원은 비급여서비스 제공을 통한 영리화가 이루어져도 법인병원은 영리화로 얻게 된 수익을 병원 밖으로 내보내기는 어려웠다. 그러다 보니 병원이 대형화되고 대학병원들은 제2, 제3의 병원을 건립하여 지방의 환자들을 수도권으로 빨아들이는 부작용이 나타났다. 병원이 대형화되는 것은 병원의 명성(prestige)을 높이기 위한 수단의 하나가 되면서 의사의 소득이 그전에 비해 높아진 문제가 있다. 병원의 의사소득도 성과급에 따라 차등화되기 시작했다.

비급여서비스를 통한 의료의 영리화가 병원급 의료기관에만 그치는 것이 아니라 의원급 의료기관들도 비급여서비스를 개발하여 영리화에 익숙하게 되었다. 그런데 개업의원들의 비급여는 법적으로 허용된 것인지, 임의적으로 개발한 비급여인지 구분하기도 어렵게 되었다.

병원급이든 의원급이든, 의료기관이 영리화에 길로 접어들자 전문과목간 의사소득의 격차가 발생하게 되었다. 전문과목 가운데 비급여서비스 제공이 상대적으로 어려운 소아청소년과나 산부인과 같은 전문과는 안과, 피부과, 이비인후과 등과 비교하여 소득이 1/4 수준에도 미치지 못하는 차이가 나게 되었다. 성형외과나 피부미용의 경우에는 전문의가 아니라도 개업을 통해 병원에 봉직하는 전문의보다 소득을 높일 수 있게 됨에 따라 병원을 퇴직하고 개업하는 의사도 등장하게 되었다. 이로써 소아청소년과나 산부인과는 대형병원에서도 전문의는 물론 전공의들도 지원하지 않는 문제가 생겼다.

정부의 통제가 안 되는 비급여서비스의 자유로운 공급, 그리고 비급여서비스 수가의 자율책정으로 우리나라 의료시장은 건강보험이 없을 때와 같은 자유시장으로 회귀하는 꼴이 되었다. 그 결과 의사들도 소득이 높은 전문과에다 가급적 환자가 많은 대도시로 집중하게 되어 지방의료가 붕괴되었고 소위 '필수의료'가 붕괴되는 결과를 초래하고 있다.

불과 몇 년 전까지만 해도 우리나라는 의료체계가 우수하다고 미국에서까지 칭찬을 하곤 했는데, 어느 사이에 '필수분야'의 의사가 모자라고 응급실도 '필요의사'가 모자라 엠브란스에 실린 응급환자가 골든타임을 놓쳐 사망하는 일이 벌어지는 등의 의료재난이 발생하는 나라가 되고 말았다.

6. 실손보험과 의료기관 영리화

1) 의료의 과다이용과 영리화

의료기관의 영리화를 부추기는 환경으로는 의료의 과다이용을 꼽을 수 있다. 과다이용이 보험급여서비스에 한정되었다면 영리화 문제는 없고, 보험재정문제만 제기되었을 것이다. 그런데 건강보험 통합이후 보험급여와 비급여서비스를 함께 제공할 수 있는 혼합진료가 가능하기 때문에 의료의 과다이용은 비급여서비스의 과다이용으로 연결되어 의료기관의 영리화를 부추기는 결과를 초래했다. 우리나라 국민들의 의료 이용이 세계에서 가장 높다는 것은 이미 전 세계에 알려진 사실이다. 외래이용은 세계에서 가장 많으며, 입원은 일본 다음으로 높다. 이렇게 많은 의료 이용은 의료기관이 영리화되는 자양분 역할을 하고 있다. 일본은 의료 이용을 줄이기 위한 정책을 꾸준히 추진하여 외래는 물론 입원도 계속 줄고 있다. 그런데 우리나라는 아직도 의료 이용을 부추기는 정책을 유지하고 있는 문제가 있다. 의료이용을 부추기는 데 실손보험이 큰 영향을 미치고 있어 실손보험의 확대가 의료의 영리화에도 기여하는 결과를 초래하고 있다.

2) 실손보험과 영리화

민영보험에는 보완형보험(complementary insurance)과 추가형보험(supplementary insurance)이 있다. 추가형은 자비부담병상이나 영리병원을 이용할 때, 그리고 진료대기 기간을 단축하기 위한 특별서비스를 원할 때 비용을 보상해주는 보험이다. 추가형 민영보험은 건강보험의료의 이용에 영향을 주지 않기 때문에 유럽의 의료보장국가들이 쉽게 허용하는 제도다. 보완형 민영보험은 건강보험의 본인부담비용이나 비급여서비스를 이용할 때(보완형 민영보험이 비급여서비스를 커버하는 유럽국가는 극히 제한됨) 비용을 보상하는 보험이다. 보완형 민영보험의 가입자는 건강보험의료를 이용할 때 본인비용부담을 줄일 수 있기 때문에 건강보험의료 이용을 늘릴 수 있다. 따라서 유럽의 의료보장국가들도 보완형 민영보험은 매우 신중하게 허가한다. 우리나라는 영리병원도 없고 자비부담병상도 없기 때문에 추가형보험은 필요가 없고 대신에 보완형 민영보험에 속하는 실손보험만 도입되었다. 그래서 실손보험의 가입자가 늘어날수록 건강보험의료의 이용과 함께 비급여서비스의 이용이 증가하여 의료기관의 영리화에 자양분 역할을 하게 된 것이다.

우리나라는 2003년에 보험업 관련법의 개정으로 실손보험이 본격화되었다. 이에 따라 가입자가 급성장하여 2018년 말 현재 실손보험 가입자가 건강보험 적용자의 67.0퍼센트나 되는 3,421만 명에 이를 정도로 많다.[46] 실손보험 가입자들은 비급여서비스를 제공받아도 본인부담을 크게 느끼지 않으니 의료 이용도가 높아질 수밖에 없다. 특히 실손보험은 고가의 비급여서비스라도 진료비 걱정이 없으니 의료의 이용률을 높여 의료기관의 영리화를 직접적으로 부추긴다 하겠다.

특히 우리나라 국민들의 건강염려증(hypochondria)이 세계에서 가장 높아 의료 이용이 특히 잦다는 게 문제다. 이와 같은 건강염려증이 높은 가격의 비급여서비스라도 가리지 않고 이용하는 문제가 있다. 더구나 실손보험 가입자들은 진료비 걱정을 하지 않아도 좋으니 과다한 의료 이용의 유혹에 빠지고, 이러한 태도가 의료기관 영리화의 원인 중 하나가 되었다.

7. 의료기관 영리화 방지에 아무런 역할도 못하는 공공병원

2000년에 「공공보건의료에 관한 법률」을 제정하고 공공의료기관이 생산하는 의료를 공공의료로 정의할 때는 공공의료기관을 확충하면 의료기관의 영리화가 방지되는 줄로 착각을 했다. 그런데 불행하게도 이 법률은 의료기관의 영리화 방지는 고사하고 공공병원

---

46 이태열(2019), 실손건강보험제도 현황과 평가, 실손건강보험제도 현황과 개선방안 정책세미나, 보험연구원, 9월 5일.

의 영리화 방지에도 아무런 도움이 되지 못하고 있다. 모든 의료기관들이 건강보험수가라는 동일한 조건에서 경쟁을 하다 보니 경쟁력의 원천이 실력 있는 의사(또는 '인기 의사')의 확보에 있게 되었다. 민간병원이 비급여서비스 제공을 통해 재정적인 여유를 갖게 되자 의사의 인건비도 공공병원보다 높일 수 있게 되었다. 민간병원들은 경쟁력에서 우위를 확보하기 위해 공공병원의 실력 있는 의사를 스카우트하려고 나섬에 따라 공공병원은 의사를 빼앗기지 않기 위해 의사의 인건비를 높여야 할 필요성이 생겼다. 이러한 경영원칙을 뒷받침하기 위해 공공병원도 비급여서비스와 같은 원가를 상회하는 서비스 제공을 통해 영리화의 길로 나설 수밖에 없었다. 사정이 이렇다 보니 이제는 공공병원이 왜 필요한지도 알 수 없는 실정이다.

유럽의 의료보장국가들은 앞에서 설명한 바와 같이 공공의료를 별도로 정의하는 것이 아니라 공적재정으로 생산하는 의료를 공공의료로 간주하기 때문에 별도의 법률이 필요 없다고 했다. 우리나라는 의료보장국가들의 선례에 대한 연구도 없이 「공공보건의료에 관한 법률」이라는 한국형 법률을 제정하고도 공공병원의 영리화 문제조차도 해결하지 못하고 있다. 그래서 필자는 「공공보건의료에 관한 법률」은 당장 폐기해야 할 엉터리 법률이라 규정하고 있다.

의료기관의 영리화 문제를 해결하지 않고는 '의과대 입학증원 확대'도 '필수의료 정책패키지'도 우리나라의 의료위기를 극복하는 데 큰 도움을 주지 못할 것으로 판단된다. 우리나라는 1977년 7월 건강보험을 도입할 때부터 의사 수는 OECD 기준인 인구 1,000명당으로 따져서 만성적으로 부족한 국가였다. 그럼에도 소청과나 산부인과 의사가 모자라 난리를 겪은 적이 없었고, 응급실의 환자 대기 문제가 일어나기는 했으나 치료의 골든타임을 다투지 않는 경증환자들의 집중에 따른 문제였지, 오늘날과 같은 의료위기는 아니었기 때문이다. 필자는 오늘날의 의료위기의 핵심적인 원인은 의료기관의 영리화에서 찾아야 하고 영리화를 멈추지 않는 한 결코 위기가 사라지지 않을 것으로 믿는다.

8. 의료기관의 영리화와 일본의 사례분석

1) 비급여 관리사례

일본은 앞에서 언급한 바와 같이 우리나라가 건강보험을 도입할 때 벤치마킹한 국가이기 때문에 우리나라 제도와 유사한 점이 매우 많다. 의료 이용도 한때는 일본이 외래 및 입원에서 제일 많았으며, 입원은 아직도 세계 제1위의 자리를 유지하고 있다. 그리고 일본도 행위별수가제를 지불제도로 사용하고 있고, 유럽 국가에 비해 수가가 상대적으로 낮은 편이다. 그러다 보니 일본에서도 박리다매형의 의료공급 행태를 보이고 있으며, 인구 1,000명당 의사 수도 우리나라와 비슷하다.

일본은 보험급여에 등재된 서비스 항목 수는 우리나라보다 많다. 2020년 기준으로 보면 우리나라는 치과를 포함하여 7,858종인 데 비해 일본은 10,800종으로 숫자상으로 많다. 일본은 청구서 전산처리용 코드 수이기 때문에 우리나라와 직접 비교하기는 어려운 점은 있지만 우리나라에 비해 등재된 서비스 항목 수는 많다고 봐야 할 것이다.

일본은 수가표에 등재된 것만으로 환자들의 의료욕구를 모두 충족시키기 어려워 1984년에 환자의 필요도에 대응하여 '특정요양비'란 명목으로 입원실료 및 치과재료에서 환자 본인이 의료비를 전액 부담하는 비급여를 제한적으로 제공하게 되었다. 우리나라에서는 1977년 건강보험 도입과 함께 상급병실에 대해서는 차액을 본인이 부담하는 제도를 두었고, 치과에서 보철은 아예 보험급여에서 배제하여 본인부담으로 했다.

그러나 의료기관의 영리화를 초래한 비급여서비스가 우리나라에서는 2000년 7월 건강보험 통합 후에 등장했으나, 일본은 2006년 「건강보험법」을 개정하여 특정요양비의 범위를 확대하여 '병용요양비제도'라는 명칭으로 [표 3]에서 볼 수 있는 바와 같이 평가요양, 선정요양 그리고 환자신청요양이라는 세 종류의 비급여를 허용했다.[47]

평가요양은 보험급여 등재가 예정된 선진의료나 의약품, 의료기기 등으로, 보험급여로 등재하기 전에 효능과 효과를 검증하기 위해 비급여로 제공하고 있다. 선진의료[48]란 우리나라의 신의료기술에 해당하는 것으로 시술기관을 시범적으로 몇 곳만 지정(1개 기술 당 6개 이내의 병원이 지정받는 데 어떤 기술은 25개 병원이 지정받음)하여 임상적 근거를 확보할 때까지 비용을 환자부담으로 제공하는 서비스를 의미한다.

---

47 일본 후생노동성 홈 페이지, 2020.

48 선진의료에는 2020년 6월 기준으로 선진의료 A에 22종의 기술, 선진의료 B에 61종의 신의료기술이 있다. 선진의료 A란 정부가 특별히 지정한 병원만 시행할 수 있으며, 선진의료 B는 특정기능병원(2019년 기준으로 86개 병원인데 우리나라의 상급종합병원에 해당)에서만 시행할 수 있다. 선진의료의 경우, 일반적 진료에 따른 진찰, 투약, 검사, 입원과 같은 비용은 건강보험의 급여로 적용하고 선진의료기술에 해당하는 부분만 전액본인부담으로 하고 있다(일본 후생노동성 홈페이지, 2020).

선진의료 외에 의약품이나 의료기기의 효과 검증을 위한 서비스도 평가요양에 포함하고 있다.

환자신청요양은 환자가 미승인의약품을 사전에 사용을 원할 때 주치의가 그러한 의약품의 효능이나 안전성을 시험하는 병원과 협의를 통해 사전진료계획을 수립하여 제공하는 것을 말하는데 비용은 전액 환자부담으로 하고 있는 비급여서비스다.

선정요양은 보험급여 등재가 전제되지 않는 것으로 차액병상, 시간외 진료, 의뢰서 없이 대형병원으로 직행하여 받는 진료, 180일 초과 입원 등으로 한정하고 있다.

이와 같은 세 종류의 '병용요양비'에 대해 후생노동성의 허가를 얻기 위해서는 원가자료를 제출하고, 후생노동성은 원가 이상의 초과이윤을 누리지 못하도록 가격을 책정하고 있다. 따라서 일본의 의료기관은 비록 병용요양비라는 비급여서비스를 급여서비스와 함께 제공하는 혼합진료[49]를 할지라도 수가는 후생노동성이 통제하기 때문에 우리나라와 같은 영리화는 생각도 할 수 없는 실정이다.

---

49 일반적으로 유럽 의료보장국가들은 급여로 정해진 서비스가 아닌 서비스(소위 비급여)를 환자에게 제공할 경우, 급여서비스의 비용까지 포함한 진료비 전액을 환자에게 부담시키고 있다. 혼합진료란 환자에게 급여서비스와 비급여서비스를 제공할 때, 급여서비스는 보험의 대상으로 하여 본인부담액만 받고, 비급여서비스는 전액 환자부담으로 하여 급여서비스와 비급여서비스를 동시에 제공하는 것을 뜻한다. 즉, 유럽의 경우는 혼합진료를 금지한 것이며, 우리나라와 일본은 혼합진료를 허용하는 제도이다. 혼합진료를 허용하더라도 아무런 서비스라도 전부 대상이 되는 것이 아니라 비급여로 할 수 있는 서비스는 사전에 「건강보험법」으로 정하고 있다. 그런데, 비급여서비스의 범위를 보면 일본이 우리나라보다 훨씬 제한적이며, 가격도 정부가 엄격히 관리하는 특징이 있다.

[표 3] 일본의 보험외 병용(倂用)요양비제도

명칭	내 용
평가요양	• 선진의료(선진A: 22기술, 선진B: 61기술 2020년 6월 기준) • 의약품, 의료기기, 재생의료 등 제품의 시험에 관한 진료 • 약사법 승인후 보험등재이전의 의약품, 의료기기, 재생의료 등의 제품 사용 • 약가기준등재의약품의 적용외 사용 (용법, 용량, 효능, 효과의 일부 변경을 신청한 것) • 보험적용 의료기기, 재생의료 등 제품의 적응외 사용 (사용목적, 효능, 효과 등의 일부 변경을 신청한 것)
환자신청요양	미승인의약품 등을 일찍 사용하고 싶은 경우, 환자의 신청으로 주치의가 그러한 시험을 하는 병원과 상의하여 사전진료계획을 수립하여 받는 진료
선정요양	• 특별한 요양환경(차액 병상) • 치과의 합금금 등 • 금속상총의치(金屬床總義齒) • 예약진료 • 시간외 진료 • 대형병원의 의뢰서 없는 초진 • 대형병원의 의뢰서 없는 재진 • 소아치아(小兒う齒)의 지도관리 • 180일 초과 입원(일수 초과면 입원료 기본점수의 15%를 환자가 부담) • 제한 횟수를 초과하는 의료행위(실행은 제대로 안하는 것 같음)

주: 평가요양과 환자신청요양은 보험도입을 위해 평가하는 것이며 선정요양은 보험도입을
전제로 하지 않는 것임

일본의 차액병상의 비중은 2017년 7월 기준 전체 병상의 20.5%이며, 1일 병실료는 평균
6,188엔(2,440~7,837엔)으로 한국에 비해 크게 낮음(일본 중앙사회보험의료협의회, 2018)

출처: 일본 후생노동성 홈 페이지 (2020)

2) 영리화에 대한 일본 의사회의 입장

2000년대 들어 의료산업화에 대한 논의가 세계적으로 크게 일어났다. 우리나라는 2005년 10월 대통령직속의 '의료산업선진화위원회'를 설치하여 BT, IT 등을 활용하는 산업화를 위한 정책과 함께 동 위원회 산하에 '의료서비스제도 개선기획단'을 구성하여 해외 환자의 유치와 같은 과제들을 논의했다. 우리나라보다 먼저 일본 정부는 의료산업화를 위한 방안의 하나로 2004년 8월 '규제개혁·민간개방추진회의(약칭 규제개혁회의)'를 조직하고 여기에서 의료서비스의 산업화를 위해 '혼합진료를 전면 허용해야 한다'는 제안[50]을 했다. 이 제안에 대해 당시 일본의 고이즈미小泉 총리는 "연내에 혼합진료를 전면 허용하는 방향으로 결론을 내주었으면 좋겠다"고 발언하면서 비급여서비스의 확대와 혼합진료를 부추겨 사회적으로 큰 이슈가 되었다.

고이즈미 총리가 "혼합진료의 전면적 허용" 발언을 했을 때 일본 의사회는 반대 입장을 분명히 했다. 이 같은 반대 여론으로 여러 가지 조정을 한 끝에 혼합진료의 전면적인 허용이 아니라 일정한 제동을 거는 것으로 결론이 났다. 일본 의사회는 의료를 교육과 같은 '공공재(사회적 공동자본)'로 믿고 있기 때문에 의료가 이윤 획득을 위해 사용되는 것을 강력하게 반대했다.

일본 의사회는 의료보장제도가 의료 사회화를 초래한다는 점을 명시적으로 표현하지 않았으나 공공재로 간주하고 있는 것을 볼 때,

---

50 혼합진료를 전면 허용한다는 의미는 비급여를 우리나라와 같이 대폭 허용하고 의료기관은 급여서비스는 보험에 적용하고, 비급여서비스는 환자에게 본인부담시키는 것을 의미한다.

사회보험의 기본원리를 이미 숙지하고 있었다. 따라서 비급여서비스를 확대하고 혼합진료를 전면 허용할 경우, 의료가 영리적 틀로 접어들 것은 알고 있었다. 이에 고이즈미 총리가 '규제개혁'을 핑계로 혼합진료의 전면적 실시를 주장할 때 일본 의사회는 [Box 3]과 같은 입장문을 발표하고 혼합진료를 막은 것은 일본 의사들의 윤리 의식을 반영한 것이라 하겠다.

우리나라에서 건강보험 통합을 위한 「국민건강보험법」에 아무런 생각도 없이 비급여서비스 제공을 공인하여 혼합진료를 일반화시킨 것과 일본 의사회의 태도는 대조를 이룬다. 우리나라에서 비급여서비스 허용이라는 무모한 행위를 자행한 것은 의료보장제도에서는 영리가 고려되어서는 안 된다는 원칙을 깨닫지 못한 데서 연유하고 있다. 우리나라 건강보험에서 비급여의 허용은 결국 의료를 이윤을 위해 영리화시키는 계기가 되었다. 의료기관의 영리화는 민간병원뿐 아니라 공공병원까지 확산되어 오늘날에 이르러는 지역별, 전문과별 의사의 편재는 물론, 응급의료망의 훼손과 같은 무서운 결과를 초래하여 의료체계가 붕괴될 위기를 조성했다.

따라서 우리나라도 의료기관의 영리화를 막기 위해서는 제도적으로 비급여서비스의 범위를 축소하여 비급여서비스 제공을 최소화하되 수가를 의료기관이 자율적으로 책정하는 것을 막아야 할 것이다. 비급여서비스라도 혼합진료가 허용될 경우, 가격은 복지부가 원가기준으로 책정하여 비급여서비스 제공을 통한 의료기관의 영리적 운영을 원천적으로 봉쇄하는 것이 중요하다.

그리고 대한의사회는 윤리강령을 채택하여 의료보장제도를 통해 영리를 도모하는 행위를 할 때 우리나라 의료체계가 붕괴되어 의사를 비롯한 모든 국민이 고통 속에 시달릴 것이라는 점을 일깨워야 할 것이다.

[Box 3] 일본 의사회는 혼합진료의 용인에 반대한다!

사회보장을 충실하게 하는 것은, 국가의 사회적 사명이라는 점이 일본 헌법에 규정되어 있습니다. 국가가 해야 할 책임을 포기하고 돈의 유무로 건강이나 생명이 좌우되는 일이 없어야 합니다.

의료는 교육 등과 마찬가지로 '사회적 공통 자본'이라는 생각을 우리는 가지고 있습니다. 의료가 국민의 생명이나 건강을 보다 높은 수준으로 지킨다는 공공적 사명을 강하게 가지는 것이기 때문에, 모든 국민이 공정·평등에 의해 좋은 의료를 받을 수 있는 환경을 조성할 필요가 있습니다.

건강보험의 범위 내의 의료에 만족할 수 없고, 다른 의료를 받기 위해 더 많은 돈을 지불하고 싶어 하는 사람은 분명히 있을 수 있습니다. 그러나 "더 나은 의료를 받고 싶다"는 소원은 "다른 사람에게도 더 나은 의료가 제공되어야 한다"는 생각으로 바뀌어야 합니다.

우리가 혼합진료 문제를 말할 때는, 우리는 항상 「나 자신만이 만족하고 싶다」는 생각보다는 「사회로서 어떻게 해야 하는가」에 대한 관점을 가져야 한다고 생각합니다. 혼합진료는 이러한 사고방식에 정면으로 대립하는 것이기 때문에 우리는 강하게 반대하는 것입니다.

출처: 일본 의사회 https://www.med.or.jp/nichikara/kongouqa/appeal.html (2023.07.18. 열람)

CHAPTER 6

붕괴된 지역의료

1. 건강보험 통합과 지역의료의 붕괴

1) 의료 사회화를 위한 의료공급체계

의료 사회화가 되는 의료보장제도가 제 기능을 발휘하기 위해서는 공급체계도 상응하는 변화를 이루어야 한다. 의료 사회화에 부응하기 위해서는 먼저 설정된 필요도(needs)를 균형적으로 배분(rationing)하기 위한 정교한 의료공급체계(delivery system)를 갖추어야 한다. 공급체계에 속하는 요소로는 크게 세 가지로 구분할 수 있다. ① 서비스 내용별 의료로써 공중보건, 1차 의료(primary care), 전문의료(specialized care), 응급의료(urgent and emergency care), 재활의료(rehabilitation and intermediate care), 장기만성의료(long-term care), 말기고통완화의료(palliative care), 정신보건(mental health care), 치과의료(dental care), 약물의료 혹은 약료(pharmaceutical care)와 같은 서비스의 공급이다. ② 의료인력 및 병상과 같은 의료자원의 원활한 공급이다. ③ 서비스를 효율적이며 형평적으로 제공하기 위한 진료권(catchment area)의 설정과 진료의뢰체계(referral pathway 혹은 patient pathway)의 정립이다. 의료공급체계가 이렇게 정비될 때, 의료의 지역화가 이루어져 지방에 거주하는 주민들도 집 가까이에서 편리하게 의료 이용이 가능해진다. 이상의 세 가지 내용을 원활하게 이루기 위해서는 의료계획의 수립이 필수적이다.

2) 의료의 지역화에 대한 몰이해

우리나라에서는 건강보험제도에 대하여 재정조달에만 관심을 두었을 뿐 건강보험제도에서 제공하는 다양한 의료서비스 가운데 어떠한 서비스 제공에 우선순위를 두어 보험급여 패키지를 설정하느냐의 문제는 의료보장과 관련이 없는 것처럼 인식하여 소홀하게 다루었고, 심지어 의료계획조차 없다. 이 같은 인식은 정책당국이나 이 분야 전문가들도 비슷하여 오늘과 같은 의료위기를 초래하게 되었다. 특히 건강보험제도로 제공되는 서비스 제공을 위한 의료의 지역화가 중요하다. 의료의 지역화는 지방에 거주하는 주민들도 편리하게 이용하여 형평성을 보장할 수 있는 과제가 된다. 이렇게 될 때 건강보험재정을 효율적으로 절감할 수 있음은 물론 국민들의 편익 향상과 함께 의료체계의 성과(performance)도 제고할 수 있다.

그런데 우리나라는 2000년 건강보험 통합을 앞두고 의료지역화 문제는 아예 고려의 대상에도 두지 않았고, 통합이 이루어지면 의료공급체계도 환상의 세계에 들어가는 것처럼 여겼다. 이러한 현상은 일부 사회복지학교수들의 모임인 사회보장연구회가 1988년 7월 발간한 건강보험 통합을 촉구하는 자료집을 보면 잘 나타나 있다. "조합방식의 건강보험제도는 의료자원의 도시편중을 초래하지만 통합방식의 건강보험제도는 의료자원의 공평한 분배를 이룬다. 즉 물고기가 물 따라 가듯이 정부의 재정 지원 없이도 의료자원이 농어촌에도 들어가게 된다"라는 기막힌 논리를 제시했다. 이러한 논리에 따라 통합을 앞두고 1995년 8월에 대진료권을 폐지한[51] 데 이어 건강보험 통합의 1단계인 지역의료보험조합을 통합한 1998년 10월에는 중진료권마저 철폐하여 의료의 지역화를 완전히 포기했다.

3) 의료지역화 포기가 초래한 문제점

진료권의 포기는 환자들을 수도권으로 몰려들 수 있게 되었다. 환자들이 수도권으로 집중함에 따라 의료기관들도 자연스럽게 환자를 따라 수도권으로 집중하게 되었고, 전문과 사이의 불균형 문제도 나타나기 시작했다. 제공되는 다양한 서비스를 효율적으로 제공할 수 있는 공급체계를 구성해야 보험재정을 절약하여 보험료 부담을 줄일 수 있다. 병이 났을 때 무조건 수도권의 큰 병원을 찾을 경우, 의료비 지출의 과다로 보험재정이 견디지 못할 뿐 아니라 지방의 주민들은 필요한 서비스를 받지도 못해 보험증이 무용지물이 될 수 있다. 즉, 보험증은 손에 쥐었는데 살고 있는 집 근처는 고사하고 4~5

---

51 이때 이미 건강보험 통합 운동이 거세게 일어나고 있었다.

킬로미터 거리를 버스 타고 가도 의사를 만날 수 없다면 보험증은 그림의 떡과 같은 존재가 될 것이다. 그래서 의료기관의 균점을 통한 지리적 접근성이 중요해진다.

의료의 지역화를 위한 여러 가지 조치들은 의료 사회화에 필수적인 요소이다. 오늘날 우리나라에서 벌어지는 소아과나 산부인과와 같은 전문분야나 응급실의 의료공백 현상, 그리고 지방 병원에서는 연봉 4억 원 이상을 지불하겠다는데도 의사를 구하지 못하는 이유를 단순하게 의사 부족으로 발생한다고 진단해서는 앞으로도 이러한 문제를 결코 해결할 수 없을 것이다.

의료보장제도를 우리나라보다 약 100년 먼저 시작한 유럽 국가들의 경우를 보면 의료계획을 통해 의료자원은 물론 분야별 서비스가 차질 없이 공급되도록 유의했다. 그리고 계층적 지역주의 모형에 따라 진료권을 설정하고 하나의 진료권 안에 어떠한 의료기관들을 배치하는 것이 좋을까를 고민하여 의료의 지역화를 달성했다. 그리고 병이 나면 대뜸 큰 병원을 가는 것이 아니라 집근처의 개업의사를 찾아 진료를 받고, 개업의사가 치료하기 불가능할 때면 보다 상급 의료기관을 찾도록 하는 진료의뢰체계를 확립하여 서비스 제공의 효율화를 이루었다. 이와 같은 준비가 전혀 안 되어 있는 우리나라가 오늘의 위기에 직면하게 된 것은 당연한 귀결이라 하겠다.

2. 필요도 접근과 의료공급체계에 대한 이론

필요도 접근을 한다는 것은 의료서비스를 보험자(구매자)가 배급하는 것을 의미한다. 따라서 배급이 잘 이루어져 의료 이용이 편리하고 비용을 절감하기 위해서 중요한 일은 의료공급체계를 제대로 정립하는 일이다. 의료공급체계를 배급제에 부합하도록 갖추기 위해서는 진료권 설정과 진료의뢰체계를 정립하는 일이다. 이를 위해서는 두 가지 조건이 필요하다.

첫 번째 조건은 의료 이용자들을 위해 필요도의 우선순위에 따라 의료를 1차, 2차, 3차로 구분 설정하는 일이다. 필요도의 우선순위 설정에 유의할 점은 필요도의 우선순위가 응급을 요하는 순서가 아니라 가장 많은 사람들이 혜택을 볼 수 있는 서비스로 순서를 정한다는 점이다. 이러한 원칙을 지킴에 따라 흔하게 발생할 수 있는 감기나 간단한 외상과 같은 질병은 1차 의료가 되고, 암과 같은 질병은 3차 의료가 된다. 그리고 의료의 이와 같은 우선순위도 구매자(보험자나 정부)가 전문가들의 자문을 받아 결정하게 된다.

두 번째는 필요도의 우선순위에 따라 의료가 구분되면 이를 원활하게 제공하기 위해 공급자 조직을 위계화하는 일이다. 공급자 조직의 위계화는 Fox가 주장하는 계층적 지역주의(hierarchical regionalism) 모형을 따르는 것이 합리적이다.[52] 계층적 지역주의 모형은 필요도의 우선순위를 수용하기 위해 의료기관을 1차, 2차, 3차로 계층화하고, 의료기관의 균점배치를 위한 진료권의 설정도 포함하게 된다. 즉, 1차 의료기관은 주로 1차 의사가 의료보장 적용자의 생활지역과 밀착된 동네 중심으로 개업하도록 배치된다. 즉, 생활권이 1차 의료기관

---

52 Fox D (1986), *Health Policies Health Politics: the British and American Experience 1911-1965*, Princeton: Princeton Univ. Press.

의 진료권이 된다. 2차 의료기관은 병원이나 종합병원 급으로 전문의가 배치되어 있으며 입원을 할 수 있는 병상이 갖추어져 있다. 2차 의료기관의 진료권역은 기초지방자치단체 권역 정도로 생각할 수 있다.[53] 3차 의료기관은 고도의 전문적인 의료기술을 구비한 대학병원 혹은 '메디컬센터(Medical Center)'급의 의료기관으로 진료권역은 광역지자체 권역 정도로 생각할 수 있다.

이 같은 두 가지 조건이 충족되면 1차 의료기관은 필요도의 우선순위가 가장 높은 1차 필요도를 제공하고, 2차 의료기관은 2차 필요도를, 3차 의료기관은 3차 필요도를 제공하게 된다. 의료보장 적용자는 병이 나면 먼저 1차 의료기관을 찾고, 여기서 진료가 어려우면 1차 의사의 진료의뢰서를 받아 2차 의료기관으로, 그리고 3차 의료기관을 찾아 서비스를 받게 되는 진료의뢰체계를 따라야 한다. 3차 의료기관에 이르면 환자는 임상적으로 유효하고 안전성이 입증되는 모든 서비스가 포함[54]되는 포괄적인 서비스(comprehensive services)를 받을 수 있게 되며 이렇게 할 경우 비급여서비스는 존재할 수 없어 보장성이 높아진다.

이와 같이 필요도의 우선순위에 따른 배열과 계층화된 의료공급

---

53 Healy and McKee(2002)는 유럽에서 주로 2차 의료기관의 역할을 하는 200~600병상 규모의 종합병원은 인구 15만 명에서 1백만 명을 진료권으로 하여 설립된다는 설명을 하고 있다.

54 의료기술이 빠리 발전함에 따라 유효성과 안전성이 입증되는 모든 서비스를 의료보장에서 제공하기 어렵기 때문에 1980년대 이후부터 유럽 국가들은 의료기술평가(health technology assessment, HTA)를 통해 유사한 효능을 갖는 서비스나 의약품 등은 경제성 등을 따져 경제성이 떨어지면 제공하지 않고 있다. 우리나라도 신의료기술평가위원회 (한국보건의료연구원에서 실무 작업 수행)와 식약처에서 안전성과 유효성을 사정하고 경제성은 심평원에서 평가하여 보험등재 여부를 결정하고 있다.

자를 결합시키면 [그림 1]과 같이 된다. 이 모형은 필요도 접근에서 계층적 지역주의 모형의 공급체계를 적용할 때의 이론모형이기 때문에 의료보장국가는 국가의 사정에 따라 수정하여 의료공급체계를 운영하고 있다.

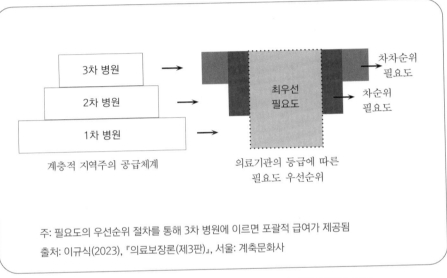

주: 필요도의 우선순위 절차를 통해 3차 병원에 이르면 포괄적 급여가 제공됨
출처: 이규식(2023), 『의료보장론(제3판)』, 서울: 계축문화사

[그림 1] 계층적 지역주의 모형과 필요도의 우선순위에 따른 포괄적 급여

이러한 위계적 공급자 조직에 맞추어 필요도가 원활히 제공되기 위해서는 의료계획이 수립되어야 한다. Melhado는 필요도 접근에서 의료계획은 의료기관의 질서정연한 발전을 이루게 하는 장치가 된

다고 주장하고 있다.[55] 의료계획은 구매자가 결정한 필요도를 공급하기 위해 진료권 단위로 인력은 어느 정도가 요구되고 병상과 같은 시설은 어느 정도가 필요한지에 대한 계획이다. 시장형 의료체계라면 의료의 수요와 공급을 통해 가격과 의료공급량이 결정되기 때문에 계획이 필요하지 않다. 그러나 시장 접근이 아닌 필요도 접근에서는 계획이 없으면 필요도와 공급을 결합시킬 메커니즘이 없게 된다. 따라서 기획가들은 필요도 접근을 할 경우에는 계층적 지역주의에 따른 계획이 의료분야 발전을 억제시키는 것이 아니라 의료를 단계적으로 이용하도록 유도하여 효율성을 높인다고 믿고 있다.

우리나라는 1989년 7월 전국민건강보험의 달성과 동시에 진료권과 진료전달체계 모형을 거의 10년 정도 적용하여 의료의 지역화에 상당히 근접할 수 있었다. 그러다 2000년 건강보험 통합을 전후하여 진료권을 폐지하고 진료의뢰체계도 약화시켜 사실상 이 모형의 적용을 폐기했다. 당시는 이 모형의 의미를 제대로 깨닫지 못하고 "건강보험이 통합되면 물고기가 물 따라 가듯이 정부의 재정 지원 없이도 의료자원이 농어촌에도 들어가게 된다"는 허황된 주장을 믿고 계층적 지역주의 모형을 폐기했다. 이와 같은 조치는 의료보장제도를 택하면서 의료의 사회화를 포기하고 시장형 의료공급체계로 환원하는 결과를 가져와 오늘의 의료위기를 초래하는 주요 원인 중 하나가 되었다.

우리나라는 의료보장제도를 운영하면서 재정조달은 의료보장형으로, 의료공급체계는 시장형으로 운영하는 모순 속에 있다. 이와

---

55 Melhado EM(1998), Economist, public provision, and the market: changing values in policy debate, *Journal of Health Politics, Policy and Law*, 223(2): 215-263.

같은 제도의 모순을 갖고 보장성 강화를 외치니 보장성 제고는 고사하고 보험재정만 증가하는 문제가 벌어지고 있다. 유럽의 의료보장국가들의 경우, 의료보험 급여 패키지의 설정에서부터 필요도와 그 우선순위를 토대로 하는 필요도 접근을 하고, 서비스 공급은 계층적 지역주의모형에 따라 위계화하고 있다. 의료 이용은 필요도 설정과 계층화된 공급자 조직의 결합으로 된 진료의뢰체계를 따르기 때문에 의료계획을 수립하고 있다.

필요도란 국민이 원하는 의료만큼 책정하는 것이 아니라,[56] 의료보장제도에 동원할 수 있는 재정의 크기에 따라 책정되기 때문에 국민들이 원하는 의료를 충분히 제공할 수 없다. 그러다 보니 유럽 의료보장국가에서 의료기관에 장기간 대기하는 문제는 불가피하게 일어나고 있다. 그러나 의료보장제도를 통한 의료 사회화가 이루어지기 때문에 보장성이 높을 뿐 아니라 우리나라에서 볼 수 있는 바와 같은 일부 진료과의 의료공백이나 지역의료의 붕괴와 같은 일은 일어날 수가 없다.

그런데 우리나라는 필요도 접근이 어떠한 것인지, 그 내용에 대하여 알려고도 하지 않을 뿐 아니라 다른 의료보장국가들이 어떻게 필요도나 우선순위 설정을 하고 있는지도 모르고 있다. 필요도에 따라 의료서비스가 배급(rationing)된다는 점을 이야기하면, "전쟁의 발발과 같은 긴급한 시기도 아닌데 의료의 배급이 무엇인가?"하고 반

---

56 흔히 필요도란 소비자가 원하는 것을 전부 제공하는 것으로 믿고 있는데, 이것은 사회주의자들의 선전에 불과할 뿐이다. 의료의 필요도는 구매자(보험자 혹은 정부)가 조달할 수 있는 재정의 크기만큼 전문가 자문을 받아 결정하는 것이다.

문하는 실정이다. 의료서비스의 배급이라 하면, 과거 공산국가들이 배급경제를 지탱하기 위한 수단으로 Semashko 모형에 의거하여 의료를 공급하는 모형이거나, 영국 NHS에서 1차 의사에게는 인두제로 진료비를 지급하고, 병원에 대해서는 항목별로 예산을 배정(line-item budgeting)하여 가입자인 국민들에게 의료를 배분하는 것으로 잘못된 이해를 하고 있다. 의료보장제도에서 의료의 배급이란 필요도의 우선순위에 따라 진료의뢰체계가 이루어지고, 이와 같은 의뢰체계를 뒷받침하는 공급체계를 갖추어 필요도를 충족시키는 방식이라는 점을 전혀 알지 못하고 있다.

필요도 및 우선순위 설정은 명시적으로 할 수도 있고, 묵시적으로 할 수도 있다. 의료배급이라 하여 구 공산국가의 세마쉬코 모형이나 영국 NHS의 예산배정 방식만이 아니라 독일이나 대만에서 채택하고 있는 총액계약제 방식도 의료배급을 위한 하나의 방법이 된다. 그 외에도 유럽의 모든 의료보장국가들이 1차 의사를 문지기 제도로 강제하거나 비록 문지기 제도를 강제하지는 않으나 이용자들이 이를 지키면 인센티브를 제공하는 사례나,[57] 독일과 같은 국가는 대학병원을 제외[58]하고 모든 병원은 입원만 허용하고 외래는 전부 개업의사에게 맡기도록 하는 정책도 결국은 의료보장 의료의 효율적인 배분을 위한 조치다.

---

57 독일에서 1차 의사를 게이트 키퍼로 활용할 때의 인센티브는 이미 앞에서 설명했다.

58 독일에서 대학병원에 외래를 허용하는 것은 수련의 훈련을 위한 불가피한 조치였다. 2004 년부터 대학병원 이외의 병원에 대해서도 특별한 사정이 있을 때 외래를 허용하고 있다.

3. 전국민건강보험과 함께 정립한 의료공급체계

1) 의료보장제도에 부합하는 의료공급체계 개발

이미 앞서 언급한 바와 같이 우리나라도 유럽의 의료보장국가와 마찬가지로 의료 이용의 형평성을 추구하기 위해 진료권을 설정하여 의료의 지역화와 함께 의료체계의 효율성을 높이기 위해 진료의뢰체계를 실시한 적이 있었다. 여기서는 비록 폐기되어버린 정책이지만 의료 사회화를 뒷받침할 수 있는 이와 같은 정책이 어떻게 출발했고, 당시 실시한 정책내용이 어떠한 것인지 소개할 참이다. 과거에는 왜 이 같은 정책을 개발했고 어떠한 절차를 겪었는지, 그리고 당시 정책의 내용은 어떤 것인지를 알아두어야 이러한 정책을 재도입하는 데 도움이 될 것이다.

2) 의료공급체계 개발의 필요성

우리나라에서 의료보장제도가 도입되면 의료공급체계가 바뀌어야 한다는 주장은 이미 1961년에 등장했다. 앞에서 이미 언급한 바와 같이 「의료보험법」이 제정되기 전에 보사부 안에 '건강보험제도 도입을 위한 연구회'란 소규모 모임이 있었다. 이 모임에 참여하고 있던 양재모가 1961년 『사회보험제도 창시에 관한 건의』에서 영국형의 의료공급체계를 제안했다. 이 제안은 언제 건강보험제도가 실시될지 모르는 데다 내용이 영국 NHS의 공급체계를 모방했기에 큰 관심을 끌지는 못했다.

정부가 의료공급체계(delivery system)의 개발에 정책적 관심을 갖게 된 계기는 건강보험제도의 도입이었다. 건강보험수가가 모든 의료기관에 동일하게 적용됨에 따라 환자들이 대형 종합병원(특히 대학병원)에 집중되는 것은 자연적인 현상이다. 이와 같은 우려가 현실로 나타나 1983년 6월 한국인구보건연구원(현 한국보건사회연구원)에서는 『대학병원 환자집중 완화방안 연구』라는 간략한 정책보고서를 발표하기에 이른다. 그러나 이 보고서 발표에 앞서 당시 보사부에서는 의료보장제도에 부합하는 의료공급체계 구축의 필요성을 인지하고 있었다.

3) 의료보장제도에 부합하는 의료공급체계의 개발과 실행

보건사회부는 1981년 10월 한국인구보건연구원에 새로운 의료공급체계의 구상을 연구하도록 의뢰했다. 연구의 내용은 의료전달체계(진료의뢰체계)의 구상과 이에 따른 진료권의 설정이었다.

한국인구보건연구원은 서울대학교 병원연구소와 협동으로 의료전달체계와 진료권에 관한 연구를 시작했다. 이 연구의 주요 내용은 한국 실정에 맞는 의료전달체계의 개발,[59] 진료권의 설정, 그리고 진료권별 의료 이용량과 의료시설 소요량의 추계 등이었다. 의료전달체계(여기서는 진료의뢰체계라는 용어가 적합)의 개발은 한국인구보건연구원에서 수행했고, 나머지 과제는 서울대학교 병원연구소가 과학기술연구원(KIST)의 도움을 받아 한국형 의료시설 배치모형(Korean Health Facility Allocation Model, KOHFAM)을 개발하고 이를 현실에 적용하는 방안을

---

59 1982년 보고서가 발간된 이후 우리나라에서는 delivery system을 의료전달체계로 직역하여 사용하고 있다.

연구했다. 연구결과 1차 보고서가 1982년 『전국보건의료망편성을 위한 조사연구(전편 연구)』라는 제목으로 발간되었다.

의료전달체계를 실시하기 위해서는 공급자 조직의 위계화와 이에 따른 진료권 설정이 반드시 수반되어야 했다. 공급자 조직의 위계화는 의료기관을 1차(소진료권내에서 의원급), 2차(중진료권 내에서 500병상 이하의 병원이나 종합병원), 3차(대진료권 내에서 500병상 이상의 대학병원 또는 700병상 이상의 대형종합병원)로 나누었다. 그리고 의료 이용은 먼저 소진료권에서 1차 의료기관을 방문하고, 여기에서 진료가 어려우면 진료의뢰서를 발급받아 중진료권에 있는 2차 의료기관을 이용하고, 여기서도 진료가 어려우면 역시 진료의뢰서를 발급받아 대진료권에 있는 3차 의료기관을 단계적으로 이용하도록 했다. 1982년에 발간된 1차 보고서에서는 전국을 12개의 대진료권과 104개의 중진료권을 두고 소진료권은 읍·면·동을 중심으로 설계했다.

이 보고서가 설정한 대진료권 구획에 불만을 가진 지역의 주민들이 반발하여 보사부 장관에게 거세게 항의하는 일이 벌어지게 됨에 따라, 보사부는 이를 수정하는 연구를 실시하여 1984년에는 수정보고서가 보건사회부에서 발간되었고 지역의료보험의 확대를 앞두고 1987년에 2차 연구보고서가 발간되었다. 여기서는 13개 대진료권과 135개 중진료권으로 전국의 의료지도가 그려졌었다. 그러나 마을 단위의 소진료권까지 자원배치를 한다는 것은 불가능하다고 판단하여 적정한 의료시설의 추계는 대진료권과 중진료권에 한정했다. 따라서 소진료권은 명칭만 있을 뿐 실제로 확정하지는 않았다.

KOHFAM에서 사용한 자원배치모형(Resource Allocation Model)은 의료 이용량이나 의료자원의 공급량에 영향을 미치는 변수나 여건 변화를 투입요소로 하여 의료시설 배치계획을 필요시에 항상 수정할 수 있도록 설계했다. 1982년의 1차 보고서에서 이미 KOHFAM 모형을 활용하여 진료권별로 필요한 적정 병상 수가 산출되었고, 1차 수정보고서에 따라 조정된 진료권별로 적정 병상 수와 현재 병상 수를 비교하게 되었다. 그 결과 서울이나 부산과 같은 대진료권은 기존의 병상 수가 필요 병상 수를 현저히 능가하는 반면 도 단위의 진료권은 병상 수가 부족한 문제가 생겼다. 이에 정부는 1차 수정보고서를 토대로 1985년 1월 「지역별 의료기관 개설허가 제한 등에 관한 규칙」을 발표하여 대진료권별로 병상 수에 대한 관리정책을 실시했다.

이 규칙에 의거, 1985년부터 서울, 부산, 대구, 인천 등 대도시 지역은 병상이 과잉되었다는 판단으로 병상 증설을 억제하는 정책을, 그렇지 않은 지역은 병상 증설을 장려하는 정책을 실시했다. 이와 같은 과정을 거쳐 1989년 7월 전국민건강보험이 달성됨에 맞추어 정부는 진료권 설정과 진료의뢰체계를 강제화하는 의료공급체계를 확정하고 이를 실행에 옮기게 되었다. 이때 적용한 진료권은 생활권을 토대로 조정하여 140개의 중진료권과 8개의 대진료권으로 했다.

진료의뢰체계는 2단계로 하여 의료기관은 1, 2차를 합쳐 1차 의료기관으로 하고, 대학병원이나 대형병원은 3차 의료기관으로 했다. 환자는 반드시 자신이 거주하는 지역이 속한 중진료권 안의 3차 의료기관을 제외한 의료기관을 1차적으로 이용하고, 이곳에서 진료가 어려우면 담당의사로부터 진료의뢰서를 발급받아 자신이 거주하는 지역이 속한 대진료권 안의 3차 의료기관을 이용하도록 강제했다. 지방에 거주하는 환자가 서울의 3차 의료기관을 이용하려면 자신의 거주지가 속한 대진료권안의 3차 의료기관의 진료의사로부터 진료의뢰서를 받아야만 갈 수 있었다.

환자들은 병이 나면 전국의 어떠한 의료기관이라도 자유롭게 이용할 수 있었는데 『전국보건의료망편성을 위한 조사연구』 사업의 결과에 따른 진료의뢰체계는 지금까지의 의료 이용 관행을 바꾸어야 하는 혁명적 조치가 되었다. 그러다 보니 의료 이용자들이 불편하다는 민원이 서울을 제외한 전국에서 제기되었다. 다른 한편에서는 의료기관, 특히 3차 의료기관들은 중진료권 안의 의료기관이 환자에게 진료의뢰서를 발급해주지 않으면 환자를 볼 수 없었기 때문에 환자 수의 급격한 감소를 걱정하기도 했다. 이에 일부 3차 병원은 경영상의 애로를 호소하는 일이 많아졌고 급기야는 편법을 사용(3차 병원 앞에 직영의원 개설, 가정의학과나 특수과를 통한 병원 내 이송, 응급실을 통한 수용 등)하여 환자를 놓치지 않으려 했다.

국민들의 민원에 대응하기 위해 1995년에는 중진료권을 138개로 조정했고 8월부터는 대진료권을 철폐하고 중진료권내의 1차 진료 의사의 소견서만 있으면 전국의 어떤 3차 의료기관도 이용할 수 있도록 했다. 이렇게 대진료권을 없앤 것은 지방에 거주하는 주민들의 불만을 수용하기 위해서였다.[60] 그러나 1차 진료는 자기가 거주하는 중진료권 내의 의료기관을 이용해야 하는 원칙은 그대로 유지했다. 당

---

60 당시에는 주민들의 불만을 해소해주기 위해 대진료권을 폐지했으나, 이것은 의료의 지역화를 훼손함에 따라 2010년대에 들어와 지방에 의료기관 부족문제를 야기하는 원인이 되었다.

해 중진료권에서 진료가 어려운 중병인 경우(1차 진료 후 계속하여 2차 진료를 받고자 하는 경우)에는 중진료권 내 의료기관의 진료의뢰서를 지참하여 발행일로부터 7일 이내에 전국의 어떠한 의료기관(3차 진료기관 포함)도 이용할 수 있었다.

4) 필요도 접근의 의료공급체계와 수요 접근의 의료 이용과의 부정합성

1989년 7월 도시지역주민에게 지역의료보험을 확대하자 입원의료 수요가 급격히 증가했다. 그러나 대도시 지역의 병상은 1985년부터 통제되었기 때문에 1990년대 초반 대도시 지역에서 병상 부족이라는 '의료대란'이 발생했다. 이러한 문제가 발생한 원인은 KOHFAM 모형은 '필요도 접근'을 토대로 진료권별 적정 병상 수를 추계한 반면 의료 이용은 '수요 접근'을 유지했기 때문에 KOHFAM 모형의 전제와 현실이 다른 즉, 시스템의 부정합성(不整合性)이 발생하게 된 것이었다.[61] 즉 필요도는 전문가들의 판단에 따라 제한적으로 설정된 반면에 의료 수요는 건강보험제도의 확대로 가격 인식이 없는 환자들에 의해 대폭 증가함에 따라 '필요도와 수요의 괴리'가 의료대란으로 표출된 것이다.

건강보험제도를 도입하면서부터 필요도 접근에 의해 의료서비스를 배분하는 계획을 수립했더라면, 보험확대가 이루어져도

---

61 당시 한국의 의료정책을 수립하는 정책가나 이 연구에 참여한 전문가들도 의료보장제도가 도입되면 수요 접근이 아니라 필요도 접근을 해야 한다는 논리를 갖고 있지 못했기 때문에 의료보장제도는 수요를 토대로 운영했고, 자원배치계획은 필요도를 토대로 하는 KOHFAM 모형을 개발했던 것이다.

KOHFAM 모형에 의한 필요 병상 수의 계획이 의료 이용과 균형을 맞추게 되어 병상부족 현상이 발생하지 않았을 것이다. 그러나 『전국보건의료망편성을 위한 조사연구』를 수행한 연구진도 수요 접근과 필요도 접근을 구분하지 못하는 실정이었다. 이것이 당시 우리나라의 지적 수준이었기 때문에 누구를 탓할 수 없었다. 따라서 필요도 접근에 따른 KOHFAM 모형에 의거하여 대도시지역에서 병상의 증설을 규제했는데 의료현장에서는 수요 접근을 하여 전 국민 의료보장에 따른 폭발적인 의료 이용의 증가와 조화를 기하기 어려웠으니 '의료대란'은 당연한 것이었다.

1990년대 초반에 병상대란이라는 아픈 경험을 한 이후부터 보사부의 의료정책은 병상을 증설하는 방향으로 전환되었다. 1990년 2월 22일 의료기관의 합리적 배치 유도를 위한 지역고시를 개정하여 대진료권별 병상 수 상한제를 폐지했고, 「지역별 의료기관 개설허가 등에 관한 규칙」도 2000년의 「의료법」 개정과 함께 폐지했다. 그래서 전국의 어떤 대진료권이든 병상 수 상한제를 폐지하고 병상증설을 용이하게 했다. 1993년부터 의과대학부속병원을 제외하고는 종합병원에 대하여 병상 신증설 사전승인제도도 폐지했다. 2000년에는 지역별 소요 병상 수에 대한 병원개설 허가제한 규정을 폐지하여 병상증설에 대한 허가권을 지자체에 부여했다. 이와 같은 조치로 수도권의 병상증설이 급격히 이루어져 오늘날 우리나라가 병상 수에서 일본과 함께 세계 제1위를 다투게 만들었다.

4. 지역의료 붕괴와 그 폐해

의료보장제도에 부합하는 의료공급체계를 구축하기 위해서는 KOHFAM 모형에서 설명한 진료권을 따르는 것이 합리적이었다. 진료권이 설정이 되어야 건강보험제도에 적합한 의료공급체계 구축을 위한 의료기관의 위계화와 적정 수의 의료기관 배치가 가능하여 진료의뢰체계가 작동이 가능해진다. 그리고 진료권 설정을 통한 의료기관의 적정 배치는 의료의 지역화를 도모하여 의료보장 적용자들은 자신의 거주 지역부근에서 의료를 이용할 수 있는 지리적 접근성이 보장될 수 있다.

진료권을 설정하고 진료권 단위로 배치된 의료기관을 이용하도록 강제할 경우, 지방에 거주하는 사람들은 서울과 같은 대도시 의료기관을 이용하려면 자신이 속한 진료권 안에 설립된 의료기관의 진료의뢰서가 필요했기 때문에 불편이 많을 수밖에 없었다. 이와 같은 불편을 무마하기 위해 1995년에는 대진료권을 철폐했다. 대진료권은 3차 의료기관 이용을 할 때만 관련되기 때문에 의료체계 전반에 미치는 영향을 당장에는 느낄 수 없었다.

문제는 1998년 10월부터 의료보험의 1차 통합으로 지역의료보험조합이 없어짐에 따라 중진료권을 설정하여 진료지역을 제한한다는 논리적인 모순이 생겼다는 것이다. 과거에는 조합단위로 보험료가 부과되었기 때문에 의료기관이 적은 농촌지역은 그만큼 의료기관 선택의 폭은 좁아지는 불편함은 있지만 보험료를 적게 부담하기 때문에 진료권의 설정이 필요했다. 즉 진료권은 재정 조달을 하는 보험조합의 관할지역과 동일하게 설정되었던 것이다. 특히 보험료 부과를 '지역사회 부과방식'으로 할 경우에는 진료권과 보험자 단위는 반드시 일치해야 한다.

그런데 의료보험조합이 통합되어 소득이나 재산 수준이 같으면 보험료가 전국적으로 동일한 금액으로 부과되는데 농촌지역사람은 진료권에 묶여 의료기관 선택이 도시지역사람에 비해 제한된다는 것은 모순이었다. 그래서 1998년 10월부터 중진료권을 폐지하고, 다만 3차 의료기관의 이용만 종래와 같이 의사의 진료의뢰서가 없는 경우에는 제한하는 전달체계로 변화되었다. 즉, 대진료권과 중진료권의 폐기로 전국의 어떠한 의원, 병원, 종합병원이라도 1차 의료기관이 되었으며, 3차 의료기관 역시 지금과 같아져 1차 의료기관의 진료의뢰서만 있으면 전국의 어떤 기관이라도 이용이 가능하여 환자의 입장에서는 편리하게 되었다.

그런데 1차 의료기관은 있지만 2차 의료기관은 없으면서 3차 의료기관을 둔다는 것은 논리에 맞지 않다 하여 2000년 3월부터 3차 의료기관의 명칭을 종합전문요양기관으로, 그리고 2009년부터는 상급종합병원으로 바꾸고 1차 의료기관이라는 용어도 사용하지 않고 종합병원, 병원, 의원으로 명명하게 되었다. 상급종합병원은 2024년도에 전국에 47개소가 지정되었다.

중진료권의 철폐는 의료보장제도와 의료공급체계의 연계를 없애는 결과를 초래하여 지역의료가 붕괴하고, 진료의뢰체계를 사실상 무의미하게 만들게 되어 오늘의 의료위기를 초래하는 원인 중 하나가 되었다. 특히 2004년부터 KTX가 개통되어 전국이 일일생활권이 되자 지방거주민들은 수도권 의료기관 이용이 훨씬 쉬워져 수도권으로 몰려들게 되었다. 환자가 수도권으로 몰려드니 의료기관도 자연스레 수도권으로 집중하게 되었다. 건강보험 통합을 주장하던 사람들이 "건강보험이 통합되면 물고기가 물 따라 가듯이 정부 재정 지원 없이도 의료자원이 농어촌에도 들어가게 된다"는 논리가 얼마나 황당한 주장이었는지 입증이 되면서 지방의료는 완전히 붕괴되고 말았다.

진료권제도의 폐지로 지역의료의 붕괴가 초래하는 폐해를 당시에는 느낄 수 없었으나, 오늘날 일어난 의료현장의 문제는 지역의료 붕괴가 초래한 결과로 봄직하다. 정부는 오늘날 벌어지고 있는 문제의 발단을 의사 수의 부족으로만 진단하여 의과대 입학정원의 대폭 확대로 대처하려다 의료계의 반발에 부딪히고 있다. 물론 의과대 입학정원을 DJ정부에서 351명을 감축시킨 후 20여년이 지나도록 재조정이 없었으니, 현재까지 약 7,000명의 의사가 배출되지 못한 문제가 있다. DJ 정부에서 의과대 입학정원을 감축하지 않았더라면 현재의 의료현장 문제는 지역의료의 붕괴와 의료의 영리화에서 원인을 찾을 수 있었을 텐데 의사 수의 부족과 얽혀 정부는 어느 것이 주 원인으로 작용하고 있는지 구분도 할 수 없게 됨에 따라 의료대란을 잠재울 마땅한 수단도 찾지 못하는 안타까운 실정에 놓여있다.

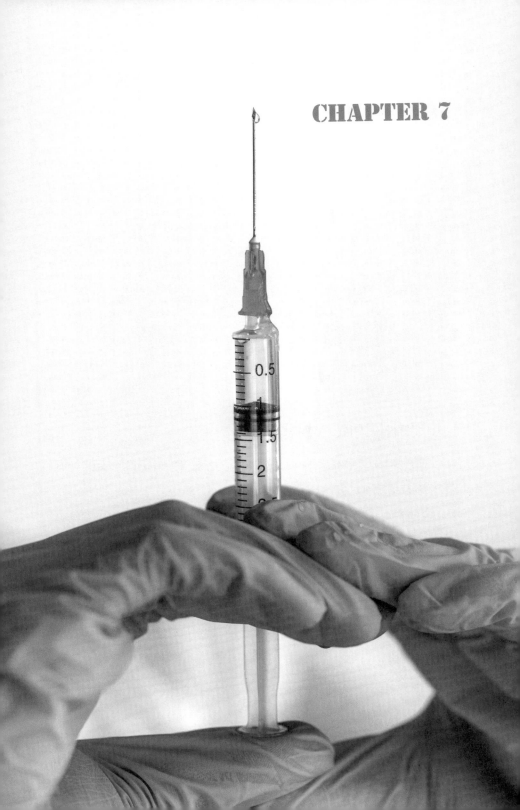

CHAPTER 7

구매이론이 없는 의료보장국가

1. 구매이론이란 무엇인가?

구매란 의료보장제도를 이끄는 핵심 요소 중 하나다. 우리나라 같이 건강보험제도를 단순하게 의료재정을 조달하는 역할에 한정할 경우에는 구매가 무엇인지, 그리고 구매이론이 왜 필요한지 알지 못한다. 의료보장제도에서 구매이론이라면 흔히들 건강보험공단이나 병원이 필요한 물건을 어떻게 구매하는 것인지를 다루는 것으로 생각하기 십상이다. 2022년인가, 모 건강보험 관련기관이 원내에서 구매이론에 대한 세미나를 개최했는데 의료기관의 물자구매를 다루었다는 이야기를 전해 듣고 실소를 금치 못한 일이 있었다.

의료보장제도는 의료서비스 배분을 시장에 맡기는 것이 아니라 필요도를 토대로 배분(rationing)하게 된다. 이때 구매란 보험자가 의료 공급자로부터 의료보장가입자에게 배분하게 될 의료서비스를 획득하는 행위를 말한다. 이와 같이 배분할 서비스를 획득하기 위해서는 배분할 서비스의 종류(보험급여)와 서비스 양(量)을 결정하고, 배분하는 방법도 결정해야 한다. 의료보장제도에서 구매이론은 구매자인 보험자가 의료기관과의 계약으로 어떤 의료서비스를 어느 정도의 가격으로 제공할 것인가를 먼저 결정한다. 다음으로는 의료보장 적용자가 병이 났을 때 용이하게 서비스를 이용할 수 있도록 구매자가 제도를 설계하는 것도 모두 포함한다. 즉, 구매이론은 의료서비스를 필요도를 기반으로 배분할 때 반드시 필요한 이론이다.

이때 의료서비스를 형평적(지리적인 형평성을 감안하여)으로 배분하지 못하면 의료보장의 적용자들이 제도에 대한 거부반응을 보이기 때문에 의료보장제도를 유지하기 어려워진다. 그렇다 보니 구매이론에서는 필요도 및 우선순위의 설정과 같은 가장 기본적인 업무에서부터 서비스의 가격설정(의료공급자의 재생산을 위해 필요), 그리고 서비스를 공급하는 체계(delivery system)까지 모두 포함하게 된다.

우리나라와 같이 의료서비스 배분을 시장 수요에 맡기고, 의료기관은 진료비를 건강보험심사평가원(이하 심평원)에 청구하고, 심평원은 진료비를 심사하여 결과를 건보공단에 통보하고, 공단이 지불하는 현재와 같은 시스템에서 구매이론은 전혀 소용이 없다. 즉, 수요 접근에서는 의료서비스 구매자는 환자가 되고, 보험자는 단순하게 진료비를 지불하는 기능(reimbursement)만 수행하기 때문에 구매이론이 필요하지 않다. 유럽의 의료보장국가들도 1990년대 의료개혁을 하기 전에는 보험자는 단순하게 진료비 지불기능만 수행했기 때문에 구매이론이 구체화되지 않았다.

2. 필요도 접근과 구매이론

의료보장제도가 도입되어 의료 이용시에 본인부담이 거의 없으면 환자들은 당연하게 의료수가가 무료인 것으로 인식하고, 이용을 최대로 많이 하는 '모럴 헤저드'에 빠지게 된다. 경제학자들은 소비자가 가격을 무료로 인식할 때 모럴 헤저드에 빠지는 것은 소비자의 합리적 행동이라 부른다. 이럴 경우, 의료 이용을 시장에 맡겨 둘 수 없어진다.

그런데 사회적인 권리(기본권 충족)로 의료에 접근을 허용할 때, 의료서비스 배분을 시장에 맡겨둘 수 없다는 것은 이미 이 책의 프롤로그에서 설명했다. 따라서 의료서비스는 필요도를 토대로 배분(rationing)하게 된다. 이때 필요도의 우선순위 설정을 통해 어떤 서비스가 어떤 계층에게 우선권을 주어야 하는지 결정해야 한다.[62] 즉, 의료서비스 배분에 필요도 접근(need approach)을 하게 되면, 어떤 국가라도 국민이 원하는 모든 필요도를 충족시킬 정도로 자원이 충분하지 못하다. 따라서 어떤 필요도를 어떤 인구집단에게 최우선순위(highest priority)로 제공할지를 정책담당자가 결정할 수 있도록 하는 틀이 필요해진다.

의료보장제도에서 필요도를 토대로 서비스를 분배하게 될 경우,[63]

---

62 프롤로그의 주 3)의 Feldstein PJ (2005) 주장을 참고하기 바란다.

63 건강보험제도인 경우, 보험급여 설정이 의료서비스 분배를 위한 첫 걸음이 된다. 그리고

서비스를 구매하고 환자에게 분배하는 역할은 재정을 조달하는 보험자가 맡을 수밖에 없다. 즉, 보험자가 재정을 조달하고 그 범위 안에서 의료기관으로부터 서비스를 구매하고, 환자에게 이를 배분해야 하기 때문에 보험자가 당연히 구매자가 된다. 여기서 서비스 배분이라는 용어를 사용하지만 실제는 구매자가 구매한 서비스를 환자에게 급여 패키지를 기준으로 배급하는 형태가 된다. 보험자(구매자)는 재정의 조달에서부터 서비스의 구매, 그리고 구매한 서비스의 배급에 이르기까지 다양한 역할을 해야 하기 때문에 구매자의 역할에 대한 구매이론은 당연히 필요하다.

건강보험제도는 당초부터 구매자와 공급자가 분리되어 있었지만 1970년대까지만 해도 제2차 세계대전이후 경제의 황금시기에 출발한 복지국가의 꿈속에 안주하여 의료체계의 성과 향상에 크게 관심이 없었다. 그리고 의료체계의 성과 향상은 의료기관의 책임으로 여겨 의료기관만 제대로 규제하면 이룰 수 있다고 판단했다. 따라서 이 당시는 건강보험국가도 보험자 역할은 공급자가 진료비를 청구하면 이를 심사하여 지불하는 단순한 기능(reimbursing)에 만족하고 있었다.[64] 그러다 1990년대 의료개혁 과정에서 보험자는 단순한 진료비 지불(reimbursing)기능만 할 것이 아니라 의료체계의 효율성을 향상시켜야 하는 책임이 요구되었고, 이에 따라 보험자에게 구매(purchasing)와 같은 기능의 부여로 나타났다.

보험급여는 필요도를 토대로 설정이 된다.

[64] 이 당시 영국과 같은 공영제에서는 구매와 공급이 통합되어 있어서 공급자에게 진료비를 지불(reimbursing)한다는 개념을 갖기 어려웠기 때문에 건강보험국가에 한정한다는 표현을 사용했다.

구매이론은 구매자가 된 보험자가 필요도와 우선순위를 토대로 보험급여 패키지를 결정하는 데서부터 출발한다. 그리고 구매자가 의료공급자와 가격을 협상하는 과정 역시 서비스의 구매행위로 간주하게 된다. 이렇게 의료기관으로부터 구매한 서비스를 환자에게 배분하는 전 과정이 구매이론에 속한다.

구체적으로 구매자의 역할은 [그림 2]와 같다.

① 어떠한 서비스를 구매할 것인가(What intervention to buy?)

② 누구로부터 구매할 것인가(From whom to buy them?)

③ 어떻게 구매할 것인가(How to buy them? 혹은 How to pay?)

④ 누구를 위해 구매할 것인가(For whom to buy or pay?)

⑤ 얼마나 지불할 것인가(How much to pay?)

위의 다섯 가지 과제를 수행할 때 구매자는 이를 통해 의료체계의 성과를 개선할 수 있다.

구매의 과제	Stewardship 기능	구매 하위 기능
누구를 위한 구매?	의료보장 가입자 정의	이용 환자의 정의
무엇을 구매?	급여 내용 결정	구매할 서비스 결정
누구로부터 구매?	구매 원칙 수립	공급자 결정
어떻게 지불?	지불제도 결정	공급자에게 지불
얼마나 지불?	지불액	수가표 관리

출처: Preker et al.(2007)

[그림 2] 구매의 과제와 스튜어드십 기능과의 관계

구매자의 기능이 단순히 진료비의 지불기능에서 끝나는 것이 아니라 구매활동을 통해 의료체계 전반의 성과를 향상시키는 역할도 구매이론에 속하기 때문에 구매이론은 의료보장제도의 운영에서 매우 중요한 개념이다. 이렇게 중요한 구매이론을 우리나라에서 갖추지 못하고 있는 것은 건강보험제도를 얼마나 주먹구구식으로 관리하는지를 말해준다. 그러한 결과 우리나라는 의료체계 성과 향상을 위한 정책이 없어 경상의료비 증가속도가 OECD 국가 가운데 가장 빠르게 되었다.

과거에는 의료체계의 성과 향상은 의료기관의 역할로 간주하여 보

험자나 정부는 의료공급자만 규제하면 되는 줄 알았다. 그런데 시간
이 경과해 구매자와 공급자가 친숙해지다 보니 의료공급자의 규제
만으로는 의료체계의 성과를 향상시킬 수 없다는 것을 깨닫게 되었
다. 그래서 1990년대 의료개혁과정에서 구매이론이 등장하여 의료체
계의 성과 향상의 짐을 공급자가 아니라 구매자의 구매활동으로 넘
기도록 했다. 우리나라는 수요 접근으로 서비스를 배분하기 때문에
구매이론이 필요 없으나, 언제까지 잘못된 방법으로 의료서비스를 배
분할 수 없기 때문에 구매이론을 알아두는 것이 현명하다.

3. 구매이론의 등장 배경

구매이론은 언제 등장했을까? 유럽 의료보장국가들이 필요도 접
근을 통해 의료서비스를 배분했지만, 이를 뒷받침할 이론은 없었다.
의료기술의 미흡으로 의료보장에서 제공하는 서비스가 제한적이었
고 경제성장은 증가하는 의료 이용을 모두 의료보장에서 수용 가
능했기 때문에 구매이론이 없어도 서비스 배분에 아무런 걸림돌이
없었다. 그러다 보니 보험자가 구매자라는 인식도 약했다. 1970년
대 두 차례의 오일쇼크와 인구고령화 등으로 세계 경제가 장기 침
체기에 빠져들게 되자 구매에 대한 관심이 늘어났다. 그래서 1980년
대부터 필요도의 설정과 같은 이론이 등장했고, 1990년대 의료개혁
은 의료체계의 효율성 제고가 중요한 과제로 대두됨에 따라 구매이
론이 등장하게 되었다.

이와 같은 배경을 갖는 의료개혁은 두 갈래로 이루어졌다. 먼저 건

강보험국가에서는 1989년 1월 네덜란드가 『Dekker 보고서』를 토대로 하는 의료개혁이 시도되었다. 네덜란드는 그후 몇 차례의 정권교체로 제대로 된 개혁을 하지 못하다, 2006년에 와서야 진정한 개혁을 할 수 있게 되었다. 개혁의 핵심은 보험자를 질병기금 대신 민간손해보험회사로 바꾸고 보험자를 경쟁시켜 의료체계의 성과 향상을 기대하는 것이었다. 건강보험제도는 출발과 함께 구매자(질병기금)와 의료공급자가 분리되어 있었다. 그러나 네덜란드는 후술하는 영국이 의료개혁을 통해 구매자와 공급자를 분리하고 구매이론을 개발하기 이전에는 보험자를 구매자로 간주하는 구매이론은 없었다.

공영의료제 국가로는 1991년 4월 영국이 NHS 제도를 내부시장 원리를 도입하여 개혁을 단행했다.[65] 영국의 의료개혁은 NHS 제도를 인위적으로 구매자와 공급자(의료기관)로 구분하여 내부시장을 만드는 방법으로 출발했다. 개혁이전에는 NHS 당국이 의료공급자에 진료비를 예산으로 직접 지불하는 방식으로 구매자는 물론 공급자 기능을 모두 맡았다. 개혁 후 NHS 당국은 구매자 기능만 담당하고, 공급자는 NHS에서 분리시켜 독립적으로 운영할 수 있도록 하고, 구매자가 된 NHS 당국이 예산으로 의료공급자와 계약을 맺어 진료비를 지불하는 혁명적 방법으로 전환했다.

NHS 당국이 의료의 구매자와 공급자 기능을 모두 수행하던 방법에서 개혁을 통해 NHS 당국은 구매자 기능만 수행하고, 의료공급자는 NHS에서 독립해 구매자와 계약을 맺고 의료서비스를 제

---

65 두 국가 모두 개혁의 이론적 토대는 미국의 의료경제학자인 엔토벤(AC Enthoven)의 관리된 경쟁(managed competition)이론을 토대로 하였다.

공함으로써 구매자에게서 진료비를 받아 생존하도록 했다. 1991년 4월의 개혁 당시에는 의료서비스의 구매자는 기금소유 일반의(GP Fund Holder) 및 NHS 지방조직의 하나인 구역보건청(District Health Authority)이었다. 그뒤 1999년 기금소유의사제도를 폐지하고 구매자는 PCGs(Primary Care Groups)로, 2002년에는 303개(2010년 151개)의 PCTs(Primary Care Trusts)로, 2013년부터 211개의 임상의료구매단(Clinical Commissioning Groups, CCGs)으로 바뀌어 오늘에 이르게 되었다. 영국은 구매자가 환자를 대리하여 공급자와 시장에서 경쟁함으로써 의료체계 전반의 효율성을 제고하기 위한 개혁을 단행했다. 이와 같은 혁명적 방법의 개혁을 통해 영국 NHS는 구매이론이 필요하게 되었다.

4. 구매이론의 등장이 늦어진 이유[66]

1) 구매이론의 중요성

의료보장제도에서 구매에 대해서는 영국도 의료개혁을 할 때까지 그 중요성을 제대로 깨닫지 못하고 있었다. 그러다 1991년 4월 NHS를 내부시장 모형으로 개혁을 단행하면서 구매의 중요성을 인식하게 되었다. 영국 NHS의 CEO인 니콜(Nichol)은 1993년 NHS의 최상위 정책의제로 구매를 꼽으면서, NHS는 환자나 국민 건강을 위해 의료의 효율성을 개선할 수 있는 구매자주도시스템(purchaser-driven system)이 되어야 한다고 주장했다. 그는 영국의 의료개혁에 많은 국가들이

---

66 이 부분은 이규식(2021) 의료보장과 구매이론에 나오는 내용을 정리한 것이다.

내부시장 경쟁을 통한 의료개혁과 미래 시스템에서 구매의 역할에 대해 관심을 갖고 있다고 했다. 공영제를 운영하는 영국에서 구매자와 공급자의 분리모형을 도입하고 NHS의 기능은 구매자에 한정함에 따라 의료서비스에 대한 구매의 역할이 새로운 각광을 받게 되었다. 그후 유럽이나 미국에서도 의료개혁과 함께 구매에 대한 논의들이 있었음을 밝히고 있다. 그러나 구매이론이 널리 적용되기 시작한 것은 2000년대였다. 많은 국가들이 의료개혁을 통해 구매자가 보험자나 정부라는 점을 깨닫고는 구매를 통해 의료체계의 성과 향상을 이루려 했다.

2) 구매이론의 등장이 늦어진 이유

1990년대 영국에서 의료개혁이 시작되기 이전에는 구매에 대해 의료보장제도를 운영하는 대부분의 국가들이 큰 관심을 두지 않았는데, 그 이유는 세 가지 측면에서 살펴볼 수 있다.

첫째, 제2차 세계대전 이전에는 비스마르크형의 질병보험제도 (Sickness Insurance)로서 근로자를 위한 상병수당 위주로 운영되었기 때문에 의료서비스 구매에 대하여 관심을 둘 필요가 없었다.

둘째, 건강보험제도는 의료서비스 공급자와 보험자가 분리 (provider-purchaser split)되어 보험자가 구매한다는 개념이었으며, 이미 필요도 접근에 의해 제도가 운영되었기 때문에 구매자는 환자가 아니라 보험자라는 개념이 묵시적으로 깔려있었다. 그러나 당시는 보험자가 서비스를 구매한다는 개념보다는 제3의 지불자 개념에 따라 건강보험 가입자가 서비스를 이용하면 보험자는 진료비를 공급자인 의료기관에 지불하는 개념이 오히려 중시되었다. 때문에 이 시기에도 구매자 개념이 정립되기는 어려웠다. 그리고 공영제에서는 정부가 병원을 직접 운영하여 대상자에게 의료서비스를 제공했기 때문에 구매자와 공급자 기능이 통합되어 있어 구매자(혹은 지불자) 개념을 생각할 수 없었다.

셋째, 1950년대 이후 서유럽 국가들은 경제성장의 황금시기(golden age)를 누리고 있어 의료보장제도의 재정조달과 같은 문제에 큰 관심이 없었다. 건강보험제도는 국민이 의료서비스를 이용하고, 의료기관이 보험자에게 진료비를 청구하면 간단한 심사 후에 지불하면 되었기 때문에 구매 같은 개념을 동원할 필요가 없었다. 특히 당시 서유럽에서 건강보험제도를 택한 대부분의 국가들은 병원 서비스에 대해 일당진료비나 예산제[67]로 진료비를 지불했기 때문에 보험자가 구매 같은 문제에 관심을 가질 필요가 없었다. 그리고 공영제 국가들은 정부의 예산으로 병원을 운영했고, 예산은 의료 필요도에 따라 결정되어 예산의 범위 안에서 서비스를 공급하면 되었기 때문에 구매 문제에 관심을 가질 필요가 없었다. 영국은 1991년 4월 내부시장 (internal market)에 의한 의료개혁을 시작하면서 Commissioning[68]이라는 포괄적 구매 개념을 도입했다. 영국의 Commissioner(포괄적 구매

---

67 당시 건강보험제도를 택한 대부분의 국가는 병원에 대하여 일당진료비제도를 택하고 있었으나, 네덜란드는 병원에 대하여 예산할당제를 택하고 있었다.

68 Øvretveit는 1995년 발간한 구매이론에서 포괄구매(commissioning)를 가장 넓은 의미의 구매로 사용하고, 다음이 구매(purchasing), 그리고 가장 협의의 개념으로 계약(contracting)을 제시하고 있다.

자)는[69] 관할 지역주민들을 위한 최상의 건강산출물을 얻기 위해 필요도 사정, 의료계획과 우선순위 설정, 구매, 모니터링의 기능을 수행한다는 특징이 있었다.

5. 구매이론 없는 우리나라 건강보험제도

1) 구매의 중요성 인식 부재와 단순한 구매조직

유럽 의료보장국가들의 사정이 이러했으니, 수요 접근으로 의료서비스를 배분하는 우리나라는 구매라는 용어조차도 생소할 뿐이다. 그러다 보니 건강보험의료의 구매자를 환자로 여기고, 보험자인 건보공단은 보험료 징수로 만들어 놓은 보험재정을 심평원의 진료비 심사가 끝나면 자동판매기 같이 의료공급자의 은행계좌로 돈을 지급하는 것까지를 소임으로 여기게 되었다. 구매의 중요성을 모르니 구매조직이라야 복지부 산하에 둔, 보험급여나 수가 결정을 위한 건강보험정책심의위원회(이하 건정심)를 비롯하여, 보험재정을 관리하는 건보공단과 진료비를 심사하는 심평원을 꼽는다. 현재의 건정심은 하부구조가 없어 복지부의 해당과에서 회의 자료를 만들어 주면 이를 토대로 건정심에서 심의·의결하는데 회의 자료를 만드는 과의 인력이 고정적이 아니라 순환보직으로 1~2년 근무하다 다른 사람으로 교체가 되어 전문성이 떨어지고 있다. 그뿐 아니라 건정심 위원들도 다양한 국민의 의견을 반영한답시고 여러 단체의 대표들이 참여해 구매

---

69 영국의 Commissioner는 고유명사로 포괄적 구매자로 번역하는 것이 원칙이지만 구매기능이라는 일반명사로 사용할 경우 구매자로 번역하고 있다.

에 관한 전문성이 떨어지고 있는 실정이다.

건강보험공단이 이와 같은 지극히 사무적이고 단순한 행위를 하는 데 1만 명을 상회하는 직원이 있다는 것은 비효율의 극치를 보여주고 있다. 구매이론이 없었을 때에는 유럽의 의료보장국가들의 보험자(질병기금)도 단순하게 보험료를 징수하고, 청구된 진료비를 심사하여 지불하는 소극적 구매자 기능을 했다. 그러다 1990년대 영국에서 구매이론이 등장함에 따라 이제는 소극적 구매자에서 벗어나 적극적이고도 전략적 구매자(strategic purchaser)로 바뀌었음을 기억해야 한다.

2) 독일과 일본의 구매조직

우리나라도 이제는 수요 접근을 버리고 필요도 접근을 하도록 건강보험제도 운영의 패러다임을 바꾸어야 한다. 새로운 패러다임으로 가기 위해 먼저 건강보험의 의사결정과 관련한 거버넌스 구조의 개혁이 필요하다. 현재 건정심에서 건강보험의 최종 의사를 결정하는 것은 복지부의 책임회피를 위한 방책이다. 건정심이란 기구가 의사결정을 내리도록 하는 것이 아니라 어디까지나 의사결정은 복지부 장관이 해야 하며, 건정심은 장관의 자문기관으로 전환하는 것이 타당하다.

독일은 의사결정을 위한 협의기구로 G-BA(Federal Joint Committee)가 있고 일본은 중앙의료보험협의회(중의협)가 있다. 양국 모두 공급자 대표와 보험자 대표로 구성하여 필요도의 결정, 보험수가의 협상 등의 중요한 의제를 협의한다.

먼저 독일의 G-BA를 보면 산하조직으로 수많은 전문분과가 있어 그 분야의 전문가들이 업무를 뒷받침한다. G-BA는 산하에 ① 의약품 관리, ② 품질관리(Quality Assurance, QA), ③ 만성질병관리(Disease Management Programs, DMPs), ④ 고도전문 외래의료(highly specialized outpatient care), ⑤ Method Evaluation, ⑥ Ordered Services, ⑦ 필요도 계획(Needs Planning),[70] ⑧ 정신요법(Psychotherapy), ⑨ 치과의료(Dental Treatment) 등의 9개 전문분과(sub-committee)를 두고 G-BA의 의사결정에 기초자료를 제공하고 있다.[71]

일본은 중의협의 내부조직으로 ① 약가전문부회, ② 보험의료재료전문분회, ③ 진료보수개정결과검증부회, ④ 비용대효과평가전문부회, ⑤ 조사실시소위원회, ⑥ 진료보수기본문제소위원회가 있고, 외부조직으로 ① 약가산정조직, ② 보험의료재료전문조직, ③ 선진의료전문가회의, ④ 진료수가조사전문조직(DPC평가분과회, 의료기술평가분과회, 만성기입원의료의 포괄조사분과회, 의료기관의 포괄조사분과회, 수술시설기준 등 조사분과회)을 두고 있다.[72]

우리나라도 건정심 대신에 새로운 조직을 만들어 전문가들이 전문적인 업무 결과를 바탕으로 공급자 대표와 보험자 대표가 협상이나 협의를 진행할 수 있도록 할 필요가 있다.

---

70 독일이 G-BA에 필요도 계획(Needs Planning)이라는 Subcommittee를 설치하고 있다는 것은 보험급여를 필요도를 토대로 결정하고 있음을 보여준다.

71 G-BA(Gemeinsamer Bundesausschuss)(2018), *The Federal Joint Committee, Decisions on Healthcare Benefits*(5th ed.), Berlin.

72 중의협(2014), 회의자료, 4월 23일.

3) 필요도 접근을 위한 업무

필요도 접근을 위한 업무는 G-BA 산하의 전문분과나 중의협 산하의 전문분과의 명칭만 보아도 알 수 있다. 먼저 독일에는 있으나 일본에서 볼 수 없는 조직으로 필요도 계획(needs planning)이다. 여기서는 필요도의 측정과 우선순위를 설정하는 업무를 담당하고 있다. 일본은 필요도 접근이 아니기 때문에 필요도 전문분과가 없다.

독일의 전문분과와 일본의 전문분과는 성격이 상당히 다른 것 같다. 독일은 서비스 범주별로 전문분과를 구성하지만 일본은 활동내용별로 전문분과를 구성하고 있다. 즉 독일은 품질관리, 만성질병관리, 고도전문외래의료, 정신질환관리, 치과의료식으로 전문분과를 나누고, 일본은 약가, 치료재료, 진료보수, 수가조사 등과 같은 구체적인 활동 중심으로 되어 있다.

우리나라가 필요도 중심으로 의료서비스 배분구조를 바꾸고자 한다면 일본보다는 독일과 유사하게 필요도 계획, 품질관리, 만성질병관리, 고도전문외래의료, 정신질환관리, 치과의료, 의약품관리 등의 전문분과를 두고 필요도에 따른 서비스 배분에 유의해야 할 것이다.

4) 전략적 구매자 육성

필요도 접근에서 중요한 점은 필요도와 우선순위의 설정과 함께, 구매자 조직(건보공단 및 심평원)의 전략적 활동이 요구된다. 구매개념도 없어 구매자를 환자로 인식하고 있는 우리나라에서 구매자를 새롭게 정의하고 구매자를 전략적으로 활동할 수 있도록 하는 것은 무리일 수 있다. 먼저 구매자는 환자가 아니라 보험자(보험재정을 관리하는 조직, 즉 건보공단 및 심평원)가 된다는 점을 깨닫도록 해야 한다. 그런 다음에 공단을 전략적 구매자 역할을 할 수 있도록 조직의 재편성이 필요하다.

건강보험공단이 전략적 구매자가 되기 위해서는 건보공단의 조직부터 바꾸어야 한다. 먼저 건보공단본부는 중앙기금 역할을 수행하고, 건강보험을 위해 필요한 업무를 전담할 부서를 두도록 해야 한다. 중앙기금이 되기 위해서는 진료비의 심사·평가업무를 관할하는 심평원을 중앙기금에 통합시켜야 한다.

그리고 공단의 하부 조직인 공단지사는 독립적인 구매자 조직으로 바꾸어야 한다. 이 조직은 전국에 100여개 정도로 하고, 국민들이 1년에 1회씩 구매자를 변경하여 선택할 수 있도록 하여 구매자를 경쟁시켜야 한다. 구매자를 경쟁시킬 때 국민들이 선택할 수 있는 기준은 별도로 구상해야 한다. 그 방법은 건강보험료를 양분시켜 50퍼센트는 소득을 기준으로 부과하여 중앙기금에 귀속시키고, 나머지 50퍼센트는 구매자가 가입자당 정액으로 부과하여 의료기관에 구매자가 직접 지불하도록 해야 한다. 의료기관은 중앙기금(구매자)과 계약을 통해 의료서비스를 제공하도록 한다. 구매자를 경쟁시켜 우리나라도 의료체계의 효율성을 제고시킴과 동시에 구매자가 가입자의 반응에 호응하도록 유도해야 할 것이다.

전략적 구매자의 주된 역할은 의료시장이 할 수 있는 역할을 수행하는 일이다. 건강보험제도의 등장으로 의료의 소비자 시장이 없어지기 때문에 자칫하면 서비스 배분에서 공급자 위주가 될 우려가 있다. 이렇게 될 경우, 의료서비스 소비자인 환자의 불만이 팽배해질 가능성이 높다. 유럽 의료보장국가에서 이러한 문제를 해결하기 위해 반응성(responsiveness) 제고의 중요성을 제시하고 있다. 반응성 제고를 위시한 소비자의 권리 등에 관한 사항은 구매자의 전략적 활동으로 충족시킬 수 있어야 한다.

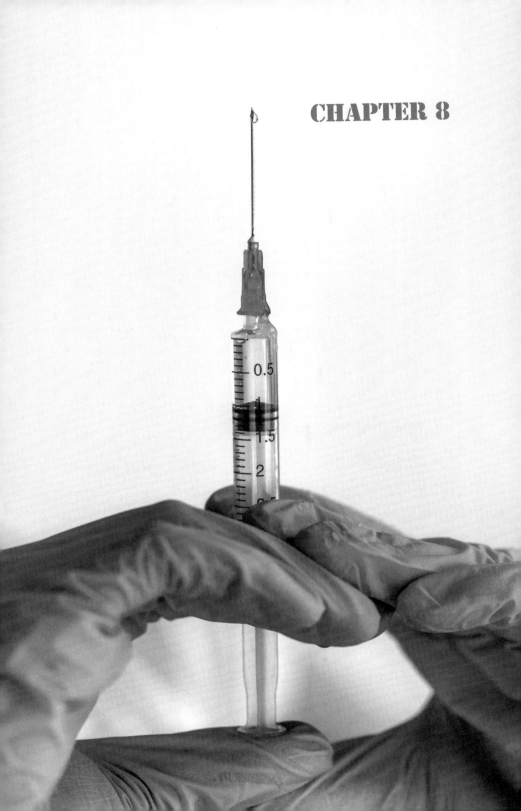

CHAPTER 8

시장형 의료정책과의 정합성

1. 미국식 시장형 의료정책의 실행

우리나라의 의료정책은 우파 정부와 좌파 정부 사이에 큰 차이가 없었다. 다만 건강보험제도의 도입이나 전국민건강보험 실시, 진료권 설정과 환자의뢰체계의 도입 그리고 DRGs나 상대가치수가제의 도입을 결정한 것은 우파 정부였다. 2000년에 집권한 좌파 정부에서는 건강보험 통합, 의약분업 실시, 「공공보건의료에 관한 법률」 제정 등이 있다. 그뒤 집권한 우파 정부에서 건강보험료 부과체계 단일화를 위한 단계적 개혁안을 제시하여 현재 실천하고 있는 중이다. 건강보험 급여 범위의 확대를 통한 보장성 강화는 좌파인 노무현 정부이후 좌우를 가리지 않고 꾸준히 추진하고 있다.

정책적인 측면을 보면 좌우 정권을 구분할 만한 특징적인 점이 없다. 어느 정부가 집권하든 의료정책은 의료의 소비자 시장이 성립한다는 전제하에 수립되었다. 좌파와 우파 정부의 차이는 공공을 중시하느냐, 민간도 중시하느냐의 차이였다. 그리고 의료시장의 존재를 인정하면서 다만 경제이론에 등장하는 의료시장의 특성으로 시장실패나 경쟁의 불완전성에 대한 보완을 위한 정부 개입도 좌·우파 정부 사이에 큰 차이가 없었다.

의료보장이란 소비자가 의료가격을 인지할 수 없도록 제도화했기 때문에 소비자 시장이 없어지는 것과 같다. 문제는 의료의 소비자 시장이 있다고 믿고 서비스 배분을 시장수요에 맡길 때 발생하게 된다. 이때 의료가격을 인지하지 못하는 환자들의 모럴헤저드로 의료재정이 막대하게 소요되어 의료보장제도를 운영하기 어려워진다. 기본권 이념에 따른 사회적 권리로 의료접근성이 허용되면 서비스 배분을 시장에 맡길 수 없다는 Feldstein 교수의 주장은 이미 앞에서 밝혔다. 의료서비스 배분을 시장수요에 맡기지 못할 경우, 대안은 필요도를 토대로 배분(rationing)할 수밖에 없다. 따라서 유럽 의료보장국가는 의료의 소비자 시장이 없음을 전제로 하여 수요 접근을 버리고 필요도 접근을 토대로 정책을 수립하고 있다.

미국은 1935년 「사회보장법」을 제정하면서 의료보장제도를 포함시킬 경우, 의료의 사회화가 이루어진다는 시각에서 의사회가 반대하여 의료보장제도를 도입하지 못했다. 그 결과 미국은 민영보험 중심이 되어 시장형 의료체계를 유지하고 있다. 이와 같은 연유로 미국은 유럽 의료보장국가들과는 전혀 다른 시각의 의료정책이 실행되고 있다.

반면 우리나라는 의료보장국가이기 때문에 의료의 소비자 시장이 성립할 수 없음에도 미국처럼 의료의 소비자 시장이 있는 양, 착각을 한 상태로 의료정책을 시행하고 있다. 이 같은 미국식 의료정책은 의료보장제도와 부합하지 못하기 때문에 오늘날 우리나라가 직면하고 있는 여러 가지 문제의 원인이 되고 있다.

2. 미국 의료정책의 이념적 배경

미국의 의료정책학자인 Battistella는 의료의 이념을 규범적 접근, 합리주의 접근, 신보수주의 접근, 신마르크스주의 접근의 네 가지로 구분하고 있다.[73]

1) 규범적 접근^{Normative Approach}

규범적 접근이란 개인이 지불능력을 토대로 의료를 이용하는 것이 아니라, 필요도에 기초하여 사회적 권리로써 이용해야 한다는 것이다. 이 접근법에 따라 유럽 국가들은 의료를 국민들의 기본 권리로 인식하기 때문에 모든 국가들이 사회보험인 건강보험제도나 공영의료제도인 NHS 또는 RHS를 통해 국민의 의료를 보장했다. 그러나 미국은 의료가 국민의 기본권이라는 인식에 대해 국민적 동의를 얻지 못했기 때문에 이 접근법은 통용되지 않는다. 따라서 미국에서는 의

---

73 Battistella RM(1997), The political economy of health services: a review and assessment of major ideological influences and the impact of new economic realities, In: Litman TJ and Robins LS eds, *Health Politics and Policy*: 75–108, Albany: Delmar Publisher.

료를 사적재화로 취급하고 있다.[74]

2) 합리주의 접근^{Rationalist Approach}

1970년대 미국에서는 의료분야에 대한 연방정부의 적절한 역할에 대해 논쟁하던 중 의료비 지출의 증가 문제가 대두되었다. 즉 과거에는 인플레이션과 실업률이 동시적으로 상승하는 일이 없었는데[75] 석유파동 이후 스태그플레이션 경제에서는 인플레이션과 실업률이 동시에 상승함은 물론, 인플레이션에 따른 의료비 증가가 대두된 것이다. 특히 의료비 지출의 연간 증가율이 다른 분야의 지출에 비해 2배 이상 높다는 점에서 정책의 긴급성이 제기되었다.

설상가상으로 높은 실업률은 정부 예산을 압박했다. 즉, 실업으로 임금도 받지 못하고 민간의료보험에도 가입하지 못해[76] Medicaid 적용 인구가 증가하는 문제가 생긴 것이다. 더구나 경기 침체로 재정적인 압박에 처한 많은 주(州)정부들이 복지비용을 연방정부로 떠넘기는, 예상치 못한 문제도 벌어졌다. 연방정부의 복지재정 지출 증가로 의료비 지출을 합친 복지서비스에 대한 지출이 연

---

74 미국도 기본권 개념의 적용이 필요하다고 판단하여 1965년 「사회보장법」을 개정하여 Medicare 및 Medicaid를 도입하여, 여기서 제공하는 의료는 공공재 또는 사회재(social good)로 간주하고 있다.

75 석유파동 이전에는 인플레이션과 실업률은 역의 관계로 필립스 곡선이 이를 잘 설명했다. 그러나 1970년대 석유파동 이후에는 필립스 곡선은 더 이상 인플레이션과 실업률의 관계를 설명할 수 없게 되었다.

76 미국은 「근로기준법」에 의하여 사용자가 피용자들을 보험(민간)에 가입시켜야 하는데, 실업자가 되면 보험적용 혜택이 사라지게 된다.

방정부 예산의 거의 1/2을 차지하게 되었다. 이러한 연방정부 예산의 구성 변화가 일반 경제에 나쁜 영향을 미치게 되었다.

이에 따라 의료비의 지출 증가가 사회에 어떠한 영향을 주었는가에 대한 관심을 불러일으켰고 정부 프로그램의 비용과 편익을 계량화하려는 합리적인 노력에 관심이 쏠리게 되었다. 경제성장은 저조해지는데도 더 좋은 의료에 대한 기대로 의료에 대한 재정 지출이 증가해야 하는 상황에 몰리게 되어 의사결정에서 정치적 판단을 뺀 객관적이며 몰가치적인 계량적 기법이 등장하게 된 것이다. 이 방법은 특성상 경제적 또는 기술적 수단 중심이기 때문에 합리적 행동과 동의어가 되었다. 이와 같은 의사결정 형태를 정책 분석에서는 합리주의 접근이라 불렀다. 합리주의 접근의 등장은 의료서비스의 구조개혁기와 일치하여 1970년대의 의료계획 수립, HMOs, PSRO(professional standard review organization), 전문의 공급에 대한 정원할당제 등의 정책들이 도입되었다. 이런 합리주의 이념이 미국 의료정책의 근간이 되었다.

3) 신보수주의 접근Neoconservative Approach

비록 의료정책에서 명시적으로 정의하지는 않았지만, 전통적으로 자유주의적 의제는 경제성장이 더욱 정의로운 사회를 이루는 데 필요한 자원을 생산하며, 경제적 번영은 지속 가능하다고 믿었다. 그러나 1970년대 두 차례의 오일쇼크 이후 경제침체기라는 새로운 경제 환경은 자유주의적 정책을 요구하게 되었다. 1981년에 집권한 레이건 정부의 자유주의 정책은 미국 경제를 제2차 세계대전 이후와 같은 높은 성장을 이루도록 했지만 의료분야를 포함하는 고비용의 복지프로그램을 수용하기에는 정부의 재정능력이 부족했다.

성장기를 지나 미국 경제가 다시 침체기에 접어들면서 의료분야에서 자유주의에 기초하는 보수적 사고방식이 수정되거나 재고되어야 할 필요성이 제기되었다. 초기 자본주의 시대에 등장한 자유주의는 국방, 치안, 공중보건과 같은 공공재를 제외하고는 모두 시장에 맡기고 정부의 간섭을 최소화하는 것이었다. 그런데 케인스 경제학이 등장한 이후에는 빈부격차를 해소하기 위한 누진세와 시장경쟁에서 탈락하는 사람을 보호하기 위한 「사회보장법」이 제정되었다. 1950년대 이후 서유럽 국가들은 복지국가를 추구하게 되었다. 그러다 1970년대 두 차례의 오일 쇼크와 인구고령화 등으로 경제가 장기 침체기에 들어가자, 1980년대 미국과 영국은 경제에 대한 정부 개입의 최소화라는 자유주의 정책으로 경기침체를 극복할 수 있었다. 당시에 등장한 자유주의는 시장경쟁에서 탈락한 사람을 보호하는 사회보장정책은 그대로 견지했기 때문에 초기 자본주의 시기의 자유주의와는 다르다는 의미에서 신자유주의로 부르게 되었다.

20세기 말에 등장한 신자유주의 또는 신보수주의는 경제에서는 자유주의를 신봉했으나 사회정책에서는 좌파가 추구하는 형평과 같은 규범적 가치를 존중했다. 따라서 신보수주의 의료정책은 정치적인 좌파나 우파들이 추구하는 절대가치만을 추구할 수는 없었다. 신보수주의는 사회연대에 대한 강한 요구를 수용하여 형평을 중시했으나, 대립적 가치인 효율을 상호의존적이라고 간주하여 균형과 중용

(moderation)에 대한 혁신적 탐색을 강조했다. '형평'과 '효율'이라는 두 개의 목적간 균형(trade-off)의 필요성에 대한 인식이 새로운 정치적 접근의 토대가 되었다. 신보수주의는 정부의 역할도 중시하지만 개인의 기회나 성취에도 깊은 관심을 갖고 자기책임과 정부 보조간의 균형을 특징으로 하는 실용주의를 표방했다.

신보수주의자들은 의료정책에서 복지국가의 기본적 목표와 형평을 선호하는 입장을 견지하고 있음에도, 한편에서는 자원의 부족이라는 현실을 받아들여 효율도 생각하게 되었다. 그리고 의료서비스의 지속적인 성장을 촉진하는 전통적 자유주의가 갖는 결점과 정부 개입이 갖는 결점도 인정했다. 신보수주의는 의료비 지출에서 적어도 20퍼센트 정도는 의학적으로 가치가 없거나 진료과정이 불필요한 것이라는 점과 병원에서 수술, 입원, 검사에서 부적절한 사용이 20~70 퍼센트에 이른다는 점을 두고, 의료의 효과성(effectiveness)을 중시하게 되어 신의료기술평가와 같은 방법론을 채택하게 된다. 계량적 방법이나 기술상의 결점에도, 신보수주의는 의료서비스의 대안적 지출을 비교하여 의료서비스가 효과성과 비용에서 더 좋은 결과를 입증할 때 이를 채택하는 자세를 견지하게 되었다. 신보수주의는 의료정책의 핵심에 있는 보편성 원칙은 저성장 경제에서는 적합지 못하지만, 가난한 사람들은 선별적 복지 원칙에 의해 더 잘 보호받을 수 있다는 믿음을 갖고 있었다. 그리하여 전 국민에게 공적재정으로 조달되는 정부주도형 서비스를 제공하는 것은 경제적 및 정치적으로 비현실적이라고 비판했다.

합리주의 접근은 의료분야에서 경쟁의 불완전성 내지는 시장실패를 인정, 정부개입의 타당성을 믿고 여러 가지 정책이 제시되었다. 이를테면, 의료비지출의 억제, 정부 프로그램의 비용·편익 분석 같은 정책은 현재 미국 의료정책의 주류를 이루고 있다. 그러다 1980년대 신자유주의 접근법이 대두됨에 따라 미국에서는 의료분야에서의 경쟁 도입, 정부 개입의 최소화, 형평과 효율의 균형(trade-off)과 같은 정책도 강조되고 있다.

4) 신마르크스주의 접근^{Neo-Marxist Approach}

오늘날 신마르크스주의는 자본의 소유와 무산계급의 틀 안에 머무르는 고전적인 마르크스주의 관점이 아니라, 발전된 산업사회에서 권력 집중의 효과를 분석하는 데 관심을 갖고 경영자본주의(국가적 기업과 다국적 기업)와 과학 및 기술에 대한 탐구에 주안점을 두고 있다. 산업주의(industrialism)를 이념화하여 소유권이 개인에 있든 국가에 있든 관계없이 건강이나 의료서비스는 생산성과 자본축적이라는 목표를 추구하는 것으로 간주하고 있다.

이러한 관점에서 권력은 자본의 관리자(소유자가 아님), 필요한 기술과 지식을 소유한 기술관료 그리고 경제활동을 관리하고 규제하는 관료들에게 쏠리게 된다는 것이다. 그리하여 과거의 계급 갈등이 이제는 산업사회를 이끄는 책임을 갖는 상층부(기업 엘리트 및 경제관료)와, 재화나 서비스의 소비인 하층부의 갈등으로 바뀌었다. 사회분석의 범주로서 계급의 중요성은 상실되고, 복지국가정책으로 산업화된 자본주의 국가에서 근로자 계급은 대규모의 소비자 군으로 흡수되어 기업 엘리트들의 조종 대상이 되었다는 이야기다.

의료분야에서의 갈등은 의료소비자(환자)와 의료관료(주로 의사를 지칭) 사이에 발생하며 의료 이용의 증가는 의사와 의료기관에 기인한다. 이를테면, 의사들은 의료권력을 영속화하기 위해 사람들을 의료적으로 몰입시켜 의료 이용을 증가시키고, 의료에 무지한 환자에게 의학적으로 효과가 의문시되거나 필요하지 않은 서비스가 충분히 스며들 정도로 의료서비스를 제공하는 것을 의료개혁으로 포장한다는 데서 갈등을 유추할 수 있다는 것이다. 신마르크스주의는 나바로(Navarro) 같은 미국의 좌파 학자들 사이에서 논의되는 이념이라 추가 설명은 생략할까 한다.

3. 의료의 이념에 관한 우리나라 현실

우리나라는 의료정책과 관련하여 많은 관료들이나 건강보험 종사자들이 다양한 정부의 해외 연수 프로그램으로 미국에서 2~4년 정도 공부를 하고 왔다. 대학에 있는 교수들도 대부분 미국에서 공부해 박사학위를 취득했거나 이들의 제자들이 허다하다. 그러다 보니 의료정책 분야에 종사하는 전문가들이 미국의 영향을 받아, 대부분이 의료의 소비자 시장이 존재하고 있음을 신봉하는 합리주의 접근법이나 신보수주의 접근법을 토대로 활동하고 있다. 그래서 의료보장제도는 규범적 접근에 의한 사회연대나 인간의 기본권 보장을 위해 도입된다는 개념이 없다. 그리고 의료보장제도의 도입으로 의료의 사회화가 이루어지는 점에 대한 인식도 거의 없는 실정이다. 그 단적인 사례가 의료보장을 위한 의료가 공공재가 된다는 점에 대한 부인이다.

미국의 합리주의 접근법에 의한 의료정책은 의료를 경제재로 간주하고 다만 의료시장은 경쟁이 불완전하거나 시장실패가 적용되기 때문에 의료서비스 배분을 의료시장에 맡기되 정부 개입으로 시장의 문제를 보완할 수 있는 정책을 신뢰하고 있다. 의료보장제도는 Feldstein 교수의 주장대로 의료가 기본권이라는 규범에 따라 강제가입을 법률로 뒷받침하며 의료서비스 배분을 시장수요에 맡길 수 없다는 원칙에 따라 필요도를 토대로 배급하는 것이 핵심이다. 따라서 건강보험이 제공하는 의료는 공공재가 되고, 공공의료가 되기 때문에 공공의료를 별도로 정의하지 않는 것이다.

그러나 우리나라에서 정책을 다루는 관료나 정부에 정책자문을 하는 전문가 그룹은 전 국민에 적용하는 사회의료보험제도가 없는, 미국의 정책이념인 합리주의적 접근법에 따라 정책을 수립하고 있으니 전 국민이 의료보장제도의 혜택을 받는 우리나라의 의료정책과는 정합성이 떨어져 정책의 혼선이 일어나고 있다.

정책수립가나 정책을 자문하는 전문가 집단이, 보편적인 의료보장제도가 없는 국가의 의료에 대한 이념을 토대로 정책을 수립하고 있는 탓에 우리나라 의료분야에서 여러 가지 문제가 발생하고 있다고 본다. 현재 우리나라 의료에서 발생하는 문제에 대한 근본적인 처방은 규범적 접근이라는 유럽 의료보장국가들의 정책 패러다임으로 전환하는 것이다. 그런데 정부는 의료문제의 해결책으로 미국의 합리주의 접근법에 따라 의과대학 입학생 수를 급격히 증가시킨다거나

'필수의료 정책패키지'를 추진한다며 대통령 직속의 의료개혁특별위원회를 구성하고 있지만 문제 해결에 큰 도움은 될 수 없다.

4. 미국식 합리주의 접근이 초래한 정책의 실패

1) 건강보험의료를 사적재화로 간주

기본권을 이념으로 의료보장제도를 도입했다면 건강보험의 운영틀은 현재와는 달라졌을 것이다. 가장 먼저 예상할 수 있는 변화는 건강보험에서 제공하는 의료를 공공재로 정의하고, 공공의료로 다루었을 것이다. 사회의료보험을 운영하면서 시장형의 미국식 의료정책의 패러다임을 따르게 됨에 따라 건강보험의 이념을 시혜적인 관점에 둘 수밖에 없었다. 따라서 건강보험의료를 '공공성이 강한 사적재화'로 간주하게 되었고, 그러다 보니 정부로서는 공공의료를 따로 정의할 필요성이 있었던 것 같다. 정부는 '공공성이 강한'에 방점을 찍고 정책을 수립한 반면, 의료계는 '사적재화'에 방점을 찍고 서비스를 제공함에 따라 항상 의료정책이나 보험정책을 둘러싼 양측의 시각이 어긋날 수밖에 없었다. 그러나 정부가 '공공성이 강한'에 방점을 찍고는 있지만 이것은 어디까지나 레토릭에 불과할 뿐 '공공성이 강한'이란 추상적인 표현은 실질적인 정책적 의미를 가질 수 없는 한계가 있다. 최근 의사 증원 문제를 두고 정부와 의료계가 대립하는 것 외에, 다른 의료정책에서는 양자의 입장 차이가 크지도 않다.

정부가 사회의료보험제도의 이념을 제대로 정립하지 못하고 건강보험의료를 사적재화로 취급함에 따라 보험의료의 배분을 시장수요에 맡기는 우를 범하고 말았다. 이 같은 수요 접근이 의료 이용도를 지나치게 높인 탓에 오늘날 대한민국은 경상의료비의 증가 속도가 OECD 국가 가운데 매우 빠른 나라 중 하나가 되었다. 건강보험의료가 되면 아무리 '공공성이 강한'이라는 수식어를 붙이더라도 사적재화로 취급해서는 안 되기 때문에 앞서 설명한 바와 같이 공공재로 간주되어야 하며, 서비스는 필요도를 토대로 배급하는 방식을 택해야 하는데 한국은 그러지 못해 과잉 이용을 위시하여 많은 문제를 낳게 되었다.

2) 진료권의 붕괴와 환자의뢰체계^{referral pathway}의 미비

징수된 보험료라는 제한된 재정으로 필요도를 토대로 의료를 배급하기 위해서는 효율적인 배급 절차인 진료권과 환자의뢰체계가 필요하다. 필요도를 효율적으로 배급하기 위해서는 필요도의 우선순위 설정과 이에 상응하는 공급체계(delivery system)가 정립되어야 한다. 하지만 우리나라에서는 수요 접근을 함에 따라 필요도의 우선순위는 고사하고 필요도에 대한 개념조차 없다. 그러다 보니 진료권설정이나 공급자의 위계화와 진료의뢰체계의 중요성을 크게 깨닫지 못해, 의료서비스 배분을 시장에 맡기는 자유방임형 의료체계와 유사하게 운영하고 있다. 건강보험의료를 사적재화로 간주함에 따라 의료기관이 사적재화인 비급여서비스를 개발해 제공해도 법적인 규제가 없고[77] 비급여서비스 제공이 일상화되고 있다. 한국은 1989년 전

---

77 「의료법」 제45조는 의료기관이 수가를 고시하고 서비스를 제공할 수 있도록 되어 있다. 즉, 「의료법」 제45조(비급여 진료비용의 고지)와 제45조의2(비급여 진료비용 등의 현장조

국민건강보험을 달성하면서 공급체계를 정립하기 위해 진료권과 진료의뢰체계를 시행했으나, 건강보험 통합은 이와 같은 공급체계를 거의 붕괴시켰다. 그러한 정책의 결과는 오늘날 의료자원의 대도시 집중, 특히 수도권 집중을 초래하게 만들었다.

3) 비급여서비스 제공의 일반화

필요도 접근을 하지 못하고 수요 접근을 함에 따라 시장형 의료체계와 유사하게 운영하다 보니 건강보험 요양기관에서도 비급여서비스 제공이 일반화되어 있다. 건강보험 요양기관에서 비급여서비스를 혼합하여 제공할 수 있도록 허용하는 제도는 하나의 의료기관이 보험급여 시장과 비급여 시장을 동시에 개설하는 것을 의미한다. 이와 같은 시장 조건에서 의사들이 비급여서비스를 제공해도 환자가 거절하기 어렵다. 특히 모든 의료기관을 건강보험 요양기관으로 당연지정함에 따라 의료기관이 비윤리적이거나 지나치게 영리에 집착하여 공급자 유인수요를 남발해도 이 같은 의료기관을 요양기관에서 배제시킬 수 없어 가입자 보호에 부정적인 문제가 있다. 당연지정제는 가입자의 보호보다 의료기관을 보호하는 기능을 갖는 불공평한 문제가 있다. 이러한 정책이 지속되는 까닭은 건강보험의료를 사적재화로 간주하다 보니 환자가 전액을 부담하는 비급여서비스와, 공적재정으로 제공하는 건강보험의료를 구분하지 못한 탓이 크다.

사 등)가 비급여에 대한 법적 뒷받침을 하고 있어 비급여서비스 개발이 용이한 점이 있다.

4) 수요 접근을 함에 따른 의료계획의 부재

제한된 재정으로 필요도를 가급적 많은 사람들에게 제공할 수 있는 효율적인 방법은 필요도의 우선순위 설정, 공급체계(delivery system)의 정립과 의료계획(health planning)의 수립이다. 한국에서는 수요 접근을 하니 왜 의료계획이 필요한지에 대한 인식이 없다. 그러다 보니 「보건의료기본법」에 명기된 의료계획조항이 무시되고 있으며, 「국민건강보험법」이 규정하는 종합계획을 보장성 강화계획으로 한정해도 아무도 문제를 제기하지 않는다.

5) '한국형 공공보건의료'를 특별히 정의하여 정책 혼선을 자초

'보험의료를 사적재화'로 간주함에 따라 모든 의료기관이 영리적으로 운영하고 있는데, 정부는 의료공급이 민간자본 중심이어서 영리화가 된다고 오판하고 있다. 그러한 결과 「공공보건의료에 관한 법률」이라는 의료보장제도를 운영하는 어떤 국가도 만들지 않는 법률을 제정하여 '한국형 공공보건의료'를 정의하는 우를 범해 의료정책의 혼선을 자초했다. 의료기관의 영리화는 '건강보험의료를 사적재화'로 취급함에 따라 민간·공공기관할 것 없이 익숙하게 되었음에도, 정부는 민간의료기관만 영리적이라는 편견에 사로잡혀 불필요한 법률을 제정하게 되었다. 정부가 2000년에 「공공보건의료에 관한 법률」을 제정한 배경을 유추하면 다음과 같다.

첫째, 공공의료라는 용어를 등장시킨 배경은 건강보험의료가 보장성이 낮았고, 많은 민간의료기관이 영리적으로 운영하는 것처럼 비추어졌기 때문에 공공병원은 민간병원과 다르다는 것을 강조하고 공공병원을 늘려 의료의 영리화를 방지하려는 것이 목적이었던 것 같다. 그리고 건강보험의 보장률이 유럽의 사회의료보험 국가와 비교할 때 매우 낮아 한국의 건강보험의료가 제대로 역할을 하지 못한 것으로 간주, 공공병원을 늘려 보장률을 높이고자 했던 것 같다. 그런데 한국이 「공공보건의료에 관한 법률」을 제정하기 전인 1998년 네덜란드는 공공병원을 민영화시킨 마지막 해였는데, 이 같은 국제적 정세를 당시로는 제대로 파악하지 못하고 공공병원을 늘리면 모든 문제가 해결될 거라 착각을 한 것이다.

둘째, 「공공보건의료에 관한 법률」을 제정할 당시 정권 담당자들의 이념이 편향되어 공공은 선하고, 민간은 악하다는 판단이 작용한 듯하다. 이는 법 제정 후인 2004년 대통령 자문위원회가 발간한 『고령사회를 대비한 보건의료체계 개편방안』이란 보고서[78]를 보면 충분히 유추할 수 있다. 이 보고서는 "한국에서는 의사가 기업가를 겸하기 때문에 의학적 판단보다는 경영적 판단으로 진료하는 현상이 나타나며, 의료기관은 영리를 추구하는 경향을 가지게 됨. 서구의 의사들은 지식인적 성격이 강하며 기업가적 성격을 가지지 않음. … 이러한 성격의 민간의료기관이 의료시장에서 압도적 다수를 점하고 있어 한국의 보건의료체계에서는 공급자 유발 수요가 큰 문제가 되며 시장실패가 두드러짐"이라는 서술에서 당시의 정권 담당자들의 왜곡된 시각을 볼 수 있다. 또한 보고서는 '공공보건의료체계의 문제'에서도 ([Box 4]) 잘못된 해석을 하고 있다. 여기서 말하는 선진국은 유럽 의

---

78 대통령자문 고령화 및 미래사회위원회(2004), 『고령사회를 대비한 보건의료체계 개편방안』

료보장국가들을 의미하는데, 이들 국가의 실상을 잘못 파악하고 보고서를 작성한 것 같다. 유럽 의료보장국가에서 국민 전체에 대한 진료는 사회의료보험(저소득층 모두 포함)에서 담당하며, 공공보건의료라는 용어 자체가 없기 때문에 공공부문이 민간부문에 기준을 제공한다는 것은 있을 수 없고 '공공주도-민간보완'이라는 개념 자체가 없다. 특히 의료보장제도를 유지하는 어떤 국가에서도 볼 수 없는 사실들을, 명색이 대통령 자문보고서에 포함시켰다는 데 아연실색할 따름이다.

셋째, 공공의료를 제대로 정립하지 못함에 따라 의료공급의 효율성 제고를 제한하고 있다. 의료를 권리로써 접근이 허용된 의료보장제도에서 의료 이용은 사회화되었지만 의료공급을 위한 시장은 성립한다. 의료공급에 있어 생산의 효율성 원칙은 전체 의료비를 낮추는 역할을 하기 때문에 의료공급을 위한 시장은 매우 중요하다. 따라서 의료서비스 생산에서 의료기관의 설립주체가 중요한 것이 아니라 누가 더 효율적으로 서비스를 생산하느냐가 중요하다. 그래서 유럽 의료보장국가들은 의료공급자가 민간이냐 공공이냐를 따지지 않는다. 우리는 건강보험의료의 이념은 제대로 설정하지 못하고, 공공은 무조건 선하다는 편견에 사로잡혀 공공의료기관이 생산하는 의료만 공공의료로 간주한 탓에 민간의료기관을 차별, 의료공급의 공공성을 제대로 살리지 못하고 있다.

[Box 4]에 요약한 대통령 자문보고서는 유럽 의료보장국가의 실태를 제대로 파악하지도 않고 편견에 사로잡힌 채 공공의료기관을 확충, 민간의료기관의 잘못된 기능을 바로 잡겠다고 나선 꼴

이다. 현실을 제대로 진단할 생각도 없이 '한국적 이념'[79]에 사로잡혀 한국 의사의 개업 행태를 '영리적'이라 매도하면서 공공의료기관 확충을 생각한 것이다. 우리나라는 의료보장제도를 도입하면서 이념 설정의 중요성을 알지 못했고 의료보장제도에서의 의료서비스 배분 방법도 몰라 시장수요에 의존하여 공공이나 민간이나 할 것 없이 모든 의료기관들이 영리적 운영에 익숙하게 되었다. 당국은 이러한 사실을 외면한 채 논리성도 없는 「공공보건의료에 관한 법률」을 제정해 의료공급자를 갈랐을 뿐 아니라 공공의료기관을 우대하는 차별을 범하고 말았다.[80]

우리나라에서 의료기관의 영리성은 민간병원이 많아서 나타나는 문제가 아니라 제도적인 문제에 원인이 있다. 사회의료보험이 도입되기 이전에는 선택진료(당시는 특진제도로 불렀음)제도와 상급병실제도가 있었는데, 이는 사회보험제도와 맞지 않아 1977년 7월에 폐지해야 마땅했다. 그런데 정부는 저수가에 대한 보완책으로 이 제도를 약간 보완만하고 환자 본인부담으로 허용했다. 의료기관은 선택진료 및 상급병실과 같은 급여제외 서비스를 활용하여 보험급여수입 외 별도의 수입창구를 마련할 수 있었다. 또한 당시에는 보험의약품에 대한 가격이 고시가제도로 되어 의료기관이 고시가보다 의약품을 낮게 구매할 경우 차액을 구매마진으로 취할 수 있었다. 선택진

---

79 한국적 이념은 공공은 선하고 민영은 영리나 밝히는 악이라는 인식을 의미한다.

80 법률로 국가사업(건강보험의료 제공)을 하는 민간기관을 차별하는 국가는 우리나라가 유일하다.

료 및 상급병실에 따른 수익이나 보험의약품의 구매마진은 민간이나 공공병원 구분 없이 의료기관으로 하여금 영리추구를 가능하게 만들었다.[81] 다만 공공병원은 수가 적었기 때문에 영리추구 행위가 눈에 띄지 않아 공공병원은 착한 병원으로 인식되어 공공병원 의료만을 공공의료로 정의하게 되었다고 봄직하다.

당시 소비자는 의료 정보의 비대칭성 때문에 의료기관을 제대로 평가하기가 어려웠다. 민간병원보다는 '공공병원이 뭔가 착하다'고 믿게 된 것도 공공병원 의료만 공공의료로 정의하는 데 기여했으리라 생각한다. 이때만 해도 의료기관의 영리화 문제는 민간병원에서도 그리 심각한 수준은 아니었다.

---

81 「공공보건의료에 관한 법률」을 제정할 2000년 초만 해도 공공의료기관에서 의약품 구매에서 차액을 얻기는 매우 어려웠다. 그러다 2000년 건강보험 통합과 함께 의약분업의 시행으로 민간의료기관도 의약품구매에서 차액을 얻기 어려워졌다. 건강보험 통합 후 공공의료기관은 자율적 운영이 기능해지고, 비급여가 법적으로 용인되면서 민간의료기관과 동일한 조건이 되어 영리화 문제가 등장하게 되었다.

[Box 4] 『보건의료체계 개편방안』에서 지적한 보건의료체계의 문제점과 비판

개편방안에서 지적한 문제점	개편방안의 문제점 비판

• 선진 제국에서 공공보건의료의 역할은 다음과 같음
 	
  - 국민전체에 대한 진료(저소득층진료는 의료보장제도를 통해)
  - 민간부문에 기준을 제공하고 주도하는 중심적 기능
  - "공공 주도-민간 보완"의 개념
	1. 2004년 당시의 한국 사정은 제대로 기술한 것 같음
	
	2. 선진 제국의 현실은 사실과 다름
	
	3. 저소득층을 별도로 의료를 보장하는 선진 국가는 없음
	
	4. 공공보건의료를 별도로 정의하는 국가가 없기 때문에 공공에서 기준 제공은 있을 수 없음
	
	5. 공공주도-민간보완 개념도 선진국에서는 없음

• 한국에서 공공보건의료는 다음의 역할을 하는 것으로 간주됨
 	
  - 저소득층, 취약지역주민 진료
  - 민간부문이 하지 못하는 부분을 맡는 보완적 기능
  - "민간 주도-공공 보완"의 개념	

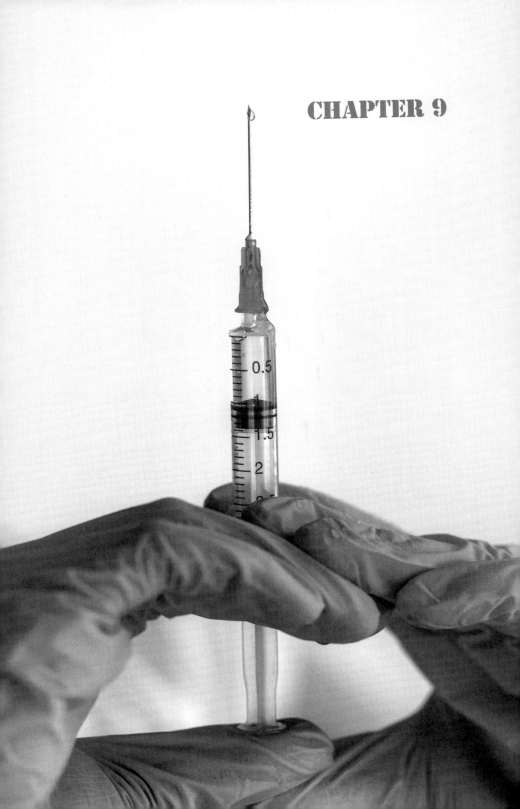

CHAPTER 9

이론 없이 운영되는 건강보험제도

우리나라는 사회보험방식의 건강보험제도를 운영하는 국가로서 규범적 접근(normative approach)이 무엇인지 알지 못하고, 시장형 국가인 미국의 정책이념인 합리주의 접근(rationalist approach)과 신보수주의 접근전략으로 정책을 수립해 오늘의 문제를 만들었다. 이렇게 된 것은 결국 전문가들이 미국에서 공부하다 보니, 나름대로 합리적인 정책이라 여겨 수립한 것이지만 의료보장제도와 맞지 않아 나타난 현상이다. 그러나 의료보장제도와 맞지 않은 정책을 수립한 측면을 따지면 결국 정책담당자나 자문그룹도 제한된 경제학적 상식만 갖춘 문외한(layman)이라 할 수 있다. 그런데 더욱 기가 막히는 것은 건강보험제도를 운영하는 데 의료보장이론 없이 오로지 '한국형'으로 밀어붙여 이 같은 문제를 초래했다는 점이다.

1. 무리한 건강보험 통합

1) 유럽 각국의 의료보장제도 발전

다른 정책과 마찬가지로 의료보장 정책에도 이론이 뒷받침되어야 국민이 제도를 편리하게 이용할 수 있고, 제도운영의 효율성을 발휘할 수 있다. 우리나라에서 의료보장제도를 운영하면서 관련 이론이나 세계적인 사례를 검토하지 않은 채 특정 집단의 아집에 맞춘 대표적인 정책 사례가 건강보험 통합이다. 질병보험으로 출발한 건강보험은 1883년 독일의 비스마르크 시대였다. 비스마르크가 질병보험을 도입하기 이전에 독일에서는 노동조합, 직인조합 등에서 가입자를 대상으로 공제(共濟)사업을 실시하고 있었다. 질병보험은 이와 같은 전통을 이어받아 유사한 직종에 있는 사람들을 대상으로 질병기금(sickness fund)을 설치하여 사회연대를 이루도록 했다. 따라서 질병보험의 출발은 분권화된 제도를 통한 사회연대의 달성이었다. 이와 같은 독일의 사례를 이어받아 모든 국가들은 질병기금(혹은 건강보험조합)을 설립·운영해왔다.

영국은 1911년 독일의 질병보험을 본받아 제도를 운영했다. 영국은 독일과 달리 새로운 질병기금을 조성하지 않고, 기존의 공제조합이나 직인조합 등에서 질병보험을 다루겠다고 신청하면 정부는 신청한 조합을 심사한 후 질병보험을 운영할 자격이 있다고 판단되면 인가해주는 조합(approved society)형태로 질병기금을 설치했다. 그러다 보니 영국은 독일과는 달리, 소득이 높은 계층(주로 white collar)과 소득이 낮은 계층(주로 blue collar)이 별도의 질병기금을 구성하여 기금간의 소득격차가 있었다. 그 결과 기금간 보험급여에서 차이가 나는 등의 형평성 문제가 나타났다.

이에 영국은 1920년대부터 질병보험의 개혁을 위해 여러 측면에서 노력했다. 그러한 노력의 일환으로 영국 의회는 베버리지 위원회를 구성하고 1942년 『베버리지 보고서』를 발간하게 된다. 『베버리지 보고서』는 모든 국민들은 지불능력에 관계없이 포괄적 서비스를 받아야 한다는 기본권 개념을 제안했다. 이 보고서를 토대로 영국은 전 국민의 기본권을 위해 1948년 7월 질병보험 대신 정부 재정으로 의료를 보장하는 국영의료제도(NHS)를 고안하게 된다.

영국에 이어 이탈리아가 1978년 질병보험에서 국영의료제도로 전환하게 되었다. 반면 북유럽은 전통적으로 주민의 복지는 지방정부의 관할사항으로 여겼다. 스웨덴은 1982년 「보건의료법(The Health and Medical Care Act)」을 제정하고, 주민의 의료문제는 지방정부(County Council)의 책임으로 명시하고, 오늘날 볼 수 있는 지방공영의료제도(Regional Health Service, RHS)를 만들었다. 덴마크는 1892년 「사회보험법」을 제정, 질병보험을 질병기금에서 관리하다 1973년 질병기금을 폐지하고 지방정부(Regional Council)가 책임을 갖고 의료를 보장하는 지방공영의료제도로 전환했다.

2) 건강보험제도 도입과 지역보험 시범사업의 실시

우리나라도 1977년 7월 건강보험제도를 도입할 때, 당연하게 유럽 국가들의 사례에 따라 보험조합(health insurance society)을 구성하여 관리하게 되었다. 그러다가 제1차 지역의료보험 시범사업을 1981년 7월부터 강원도 홍천군, 전라북도 옥구군, 경상북도 군위군 세 지역에서 실시하면서 문제가 불거지기 시작했다.

세 지역에서 지역의료보험 시범사업을 실시하기 전, '한국형 의료공급체계(delivery system)'의 개발을 위해 1976년 9월부터 이 세 지역에서 '마을건강사업'이라는 시범사업을 개시했다. 이 사업은 중국의 '합작의료제도'에서 채택한 맨발의 의사(barefoot doctor)와 유사하게 의사가 아닌 새로운 형태의 인력(보건진료원)을 개발하여 주민들의 기초적인 의료문제를 마을의 공동의지로 해결하자는 취지였다. 보건진료원(community health practitioner, CHP)은 간호대학을 졸업하고 면허를 취득한 간호사(RN)로 6개월간 임상에 관한 기초지식을 훈련받은 사람에게 자격을 부여했다. 당시만 해도 농촌지역에는 약국도 제대로 없었기 때문에 간호대학을 졸업한 보건진료원은 주민들의 환영을 받았다.[82]

마을건강사업의 보건진료원이 주민들의 환영을 받게 되자 시범사업 추진자(시범사업을 위해 정부는 한국보건개발연구원을 설립)와 시범사업 참여 교수들 사이에서 마을건강사업을 이용하는 비용을 주민들이 자체적으로 조달하는 방법을 개발해 보자는 의견이 대두되었다. 정부도 시범사업에서 자체적인 재원조달방안의 마련에 찬성하여 당시

---

82 보건진료원은 당시 WHO가 추진하는 1차 보건의료(primary health care, PHC)와 관련을 갖고 추진되었다. WHO는 각국의 1차 보건의료전략을 평가하고 지도하기 위하여 보편적인 진도측정 지표를 발표하였는데, 일곱 번째 지표로 1시간 통근거리 이내에 20개 품목의 필수의약품을 갖춘 의료시설의 여부로 정하였다. 한국의 보건진료원들은 간호대학 졸업생임을 감안하여 필수의약품 수를 30개 이내로 다루도록 교육을 받았다.

옥구군[83]에 있던 청십자의료보험조합을 해산하고, 옥구군 대야면이라는 곳에서 마을건강사업의 '재정조달을 위한 특별시범사업'을 [표 4]와 같은 방법으로 1979년 9월부터 1년간 실시했다. 이 특별사업은 1차 의료기관으로 보건진료소 및 진료분소, 그리고 옥구군 및 군산시 등에 개업한 일반의원을 지정하고, 2차 기관은 군산도립병원과 옥구군 관내에 있던 씨그레이브 기념병원으로, 3차 기관으로는 전북대 부속병원으로 지정했다. 그리고 보험료는 1인당 370원으로 하고 1/2은 정부가 지원했다. 1년간의 사업 결과를 평가해보니 재정자립도가 84퍼센트에 이르고 있어 보험료를 1인당 400원으로 높이고 징수만 제대로 한다면 지역주민에 대한 보험 확대도 가능하다는 판단을 하게 된다.

---

83 그후 행정구역 개편으로 옥구군은 없어지고, 군산시와 익산시로 편입되었다.

[표 4] 옥구군 대야면 마을건강사업의 재정조달 특별시범사업

1. 옥구군 대야면 사업의 내용
   - 대상주민: 10,590명
   - 주민 1인당 보험료: 월 370원(주민의 1/2은 보험료 반액 정부지원)
   - 전달체계의 실시
     1차: 보건진료분소 6개, 보건진료소 4개, 일반의원 11개
     2차: 도립군산병원, 씨그레이브기념병원
     3차: 전북대 부속병원

2. 사업평가(1979. 9 ~ 1980. 8)
   - 1년간 보험급여비는 1,697만원, 갹출금징수액은 1,431만원으로 약 84%의 재정자립 달성

3. 결론
   - 1인당 보험료를 400원으로 책정하고 보험료 징수만 제대로 이루어진다면 지역주민에 대한 보험확대의 가능성이 있는 것으로 판단(당시 직장의료보험의 보험료가 월 1인당 1,536원, 공교가 1,386원임에 비하여 400원은 매우 낮은 보험료 수준이었음)

출처: 한국보건개발연구원(1980), 『보건시범사업 종합평가보고』

정부는 옥구군 대야면의 '재정조달 특별시범사업'에서 힘을 얻어 보건진료원이 양성되어 이미 배치된 세 곳의 시범지역에 대해 1981년 7월 '농촌지역의료보험 시범사업'을 착수하게 된다. 1차 시범사업의 설계를 대야면에서 했던 방식과 거의 유사하게 하고, 다만 재정안정화를 위해 보험료만 1인당 370원 하던 것을 600원으로 대폭 인상했다. 1981년 6개월간 시범사업의 추진 결과를 보면, 옥구군만 재정 적자를 냈고, 나머지 두 곳은 흑자를 기록했다. 그러나 1982년부터 지역주민들의 의료 이용도가 높아짐에 따라 세 지역 모두 적자를 면치 못하게 되었다.

문제는 환자의뢰체계를 1차 → 2차 → 3차로 단계적으로 하는 데 반해 이웃에 사는 공무원들은 병이 나면 대학병원으로 바로 직행할 수 있다는 것을 알게 된 농촌주민들이 차별을 문제삼으며 반발을 한 것이다. 결국 환자의뢰체계는 1983년부터 폐지되었다. 그러자 1차 시범 지역은 물론 1982년 7월 경기도 강화군, 충청남도 보은군, 전라남도 목포시에서 시작한 2차 지역의료보험 시범지역에서도 의료 이용이 급격히 증가해 재정적자가 심화되고 말았다.

3) 건강보험 통합론의 등장

지역의료보험 시범사업을 시작하기 약 1년 전인 1980년 9월 2일, 천명기가 보사부 장관으로 취임하게 된다. 천장관은 건강보험분야의 경험이라고는 전혀 없는 정치인 출신으로 부처 업무도 제대로 파악하기 전 느닷없이 건강보험 통합을 주장했다. 1980년 9월은 보사부가

1977년 직장의료보험을 도입하면서 보험조합을 사업장 단위로 설립했기 때문에 경제규모에 미달한다는 자체 평가에 따라 직장조합의 1차 통폐합을 끝내고 2차 통폐합을 추진하던 때였다.

천장관은 통합의 장점이나 외국의 사례에 대한 검토도 없이 매우 용감(경솔)하게 직장조합의 통폐합 작업의 유보(중단)를 지시하고, 직장의료보험과 공교의료보험을 통합할 경우, 장차 농어촌주민에 대한 건강보험 확대에 대비할 수 있다고 주장했다. 이때부터 우리나라의 건강보험정책은 이론을 무시하고 행정력으로 밀어붙이려는 잘못된 선례를 만들게 되었다. 경솔하기 짝이 없는 천장관의 행동으로 당시 정부와 정치권, 심지어는 청와대와 보사부간 통합에 대해 의견 대립을 초래하는 전대미문의 대논쟁이 벌어졌다. 언론에서도 신문 사설을 중심으로 그해 10월 말부터 건강보험에 대한 관리체계 논쟁이 시작되었다. 중앙일간지 가운데 통합에 찬성하는 사설은 경향신문에서만 볼 수 있었고, 조선, 중앙, 동아, 한국, 서울, 매일경제, 한국경제, 서울경제는 물론 대전일보, 대구매일, 전남매일, 영남일보, 전북일보 등의 지방신문에서도 통합에 반대하는 사설을 게재했다. 물론 경제단체들도 반대하는 성명을 발표했다.

이 같은 논쟁 속에서 천장관은 대통령의 결심을 얻어내기 위해 구체적인 통합일원화계획을 수립, 11월 17일 대통령의 결재를 신청했다. 이 과정에서 통합일원화는 사회의료보험에 정부 재정지원이 전제되어야 하며, 재정적자가 생기면 그 부담을 두고 정부와 국민간의 대립이 생길 것이며 이렇게 될 경우 통치권에 부담이 생긴다는 청와대의 견해로 일단 제동이 걸리게 되었다.

그러나 집권 여당인 민주정의당(약칭 민정당)은 제5공화국의 출범 직후 공포분위기가 가시지 않은 상태에서 실시된 1981년 총선거에서 압도적인 다수당이 되었으나 4년 후인 1985년 선거는 안심할 수 없었다. 그래서 1985년 총선에 대비하여 민심을 얻을 수 있는 가장 좋은 방법 중 하나가 지역의료보험의 전면적 실시를 통한 '전국민건강보험' 실현이었다. 이것 역시 천장관의 발상을 이어받은 허공에 뜬 주장이었다. 당시 여당인 민정당은 정책구상을 이론이나 논거를 갖고 할 수준이 안 되었기 때문에 천장관의 주장을 믿고 통합을 주장하게 되었다. 민정당은 당시 정부의 재정형편으로 다른 복지정책은 생각하기 어려웠기 때문에 '건강보험통합일원화'가 가능하다는 정부의 주장을 흔쾌히 받아들였다. 특히 민정당은 제5공화국 국정지표의 하나인 '복지사회구현'을 위한 유일한 길이 '전국민건강보험'을 앞당기는 것이라는 허황된 믿음으로 통합을 적극 추진하게 되었다. 더구나 당시는 건강보험이 일부 대규모 기업의 근로자(1981년 100인 이상 고용사업장 근로자 적용)만을 대상으로 적용되었기 때문에 건강보험이 적용되지 않는 국민들의 건강보험에 대한 열망을 집권 여당의 입장에서 외면하기 어려워 통합일원화를 적극 추진하는 방향으로 나간 것이다.

한편 정부도 지역의료보험 시범사업이 운영 초기부터 적자가 나자, 시범사업의 설계상 문제를 찾을 생각은 하지 않고 주민의 부담능력 부족이라는 성급한 판단을 내렸다. 또한 시범사업에서 재정적자는 계속될 것으로 판단하고, 당시 직장의료보험과 공교의료보험에서 발생하는 흑자를 이용하면 지역의료보험을 조기에 확대 가능하다는 엉뚱한 생각으로 통합을 제안한 것이다.

지역주민의 부담 능력이 없다고 판단되면 지역주민에 대해 의료보장을 다른 방법으로 해야지 직장이나 공교의료보험의 적립금을 활용한다는 계획은 그야말로 의료보장의 어떠한 논리로도 설명할 수 없는 억지 주장이었다. 그런데 더욱 황당한 점은 통합을 제기한 배경이었다. 천장관이나 보사부는 건강보험의 운영에서 최선의 방법이 통합에 있는 양 잘못 판단하여, 제도가 굳어지면 통합이 어렵다는 미명하에 도입 초기부터 이를 추진했다. 특히 제도 도입 초기에 통합을 해야 한다는 주장은 [Box 5]에서 볼 수 있는 바와 같이 일본의 상황을 제대로 알지 못한 채 일본의 전례에 비추어 통합을 판단했다는 방증이다.

[Box 5]를 보면 일본에서는 일본화(一本化)와 일원화(一元化)를 다른 차원에서 다루고 있었다. 일본화는 제도를 하나로 통합하는 것이었고, 일원화는 건강보험제도간, 그리고 피보험자와 피부양자간 진료비의 본인부담률이 다르다는 문제가 있어 본인부담률을 모든 국민에게 같이 적용할 수 있도록 단일화하자는 것이었다. 일본화(一本化)는 1967년 일본의사회장이 제안했지만 당시 제안은 건강보험을 3원화하는 것이지 하나의 제도로 일본화하자는 것은 아니었다. 일본화는 1984년에 정식으로 제안되었다. 여당인 자민당은 피용자보험의 본인부담률을 피보험자와 비부양자간의 단일화를 성취하기 위해 1989년까지 제도의 단일화를 하겠다는 각서를 교환했다.

[Box 5] 일본의 건강보험 일원화(一元化)와 일본화(一本化)

일본에서는 건강보험 일원화(一元化)와 일본화(一本化) 논의가 있다. 먼저 일원화는 보험제도간 그리고 피보험자와 피부양자간 진료비에 대한 본인부담률이 달라 여러 가지 불편이 있어 이를 단일화하자는 것이다.

일본에서는 건강보험의 본인부담률의 차이로 의료기관이 환자 진료 후, 진료비 청구를 할 때 일일이 환자 자격을 확인하여 본인부담액과 청구금액을 별도로 산정해야 하는 불편함이 있어 후생성은 1984년 피용자보험에서 피보험자(본인부담 없음)와 피부양자의 본인부담률(외래 30%, 입원 20%)을 일원화하는 방안을 제기했던 것이다. 그러나 본인부담률을 통일하는 것만 해도 쉬운 일이 아니어서 일본은 2003년에 와서 모든 건강보험제도의 본인부담률을 피보험자, 피부양자에 관계없이 아동과 노인을 제외하고 일률적으로 30%로 하는 보험급여의 일원화(一元化)를 이루었다.

건강보험제도의 일본화는 보험제도를 하나로 단일화하는 것으로 우리나라에서 제기된 통합일원화와 같다. 1967년 일본의사회장이 피용자보험과 지역보험(국보)을 통합하여 지역보험, 노령건강보험, 산업보험으로 제도를 재구축하자는 구상을 표명하면서 제기되었다. 지역보험은 피용자보험과 국보를 도·도·부·현 단위로 통합한 제도로 하고, 노령건강보험은 65세 이상을 대상으로 한 건강보험제도를 창설하자는 구상이었다. 그러다 1984년 후생성이 피용자보험의 본인부담을 피보험자와 피부양자 구분 없이 20%로 일원화하는 법 개정안을 발의하자, 피보험자에게 본인부담률을 인상(0%에서 20%)하려는 법 개정에 의사회가 환자가 줄어들 것을 우려하여 반대했다. 이에 여당인 자민당은 의사회를 설득하기 위해 일본의사회에 대해 피용자보험과 국보(지역보험)를 5년 후에 합치는 일본화(一本化) 각서를 교환하게 되었다. 그러나 제도의 일본화를 위해서는 보험료 부과체계를 통일해야 할 필요가 있다. 그런데 근로자들의 보험료는 임금소득임에 반해 지역주민은 지방세법에 따라 소득을 신고하기 때문에 근본적으로 다른 문제가 있다. 따라서 보험료 부담의 형평성을 찾기 어렵기 때문에 일본화 논의는 더 이상 진행되지 못하고 있었다(일본 의약정보연구소 홈페이지, 2020).

그런데 일본에서 일본화가 본격 거론도 되기 전인 1980년 천장관은 어설프게 전해들은 지식으로 마치 일본에는 일본화 논쟁이 뜨겁게 거론된 것처럼 인식해 우리는 제도가 굳어지기 전에 일원화를 해야 한다고 주장했으니 경솔한 태도였다고 볼 수 있다. 그리고 용어도 일본에서는 '일본화'를 사용했는데 천장관은 내용이 전혀 다른 일원화라는 엉뚱한 제도를 주장했다는 문제도 있다.

일본에서는 1984년 정식 제안된 일본화(一本化) 방안을 검토했는데, 선행조건으로 보험료 부과방안의 통일이 되어야 함을 깨닫게 되었다. 그런데 일본에서 근로자와 지역주민들의 소득신고가 달라, 통일된 보험료 부과가 어렵다고 판단, 일본화의 추진은 흐지부지되었다. 보험급여, 즉 본인부담의 일원화도 쉽지 않아 2003년에 와서야 본인부담률을 30퍼센트을 단일화했다.[84] 이와 같이 복잡한 일본의 일본화(一本化)와 일원화(一元化) 주장의 내용도 제대로 파악하지 않고 명색이 보사부 장관이 일본의 사례를 들면서 통합일원화를 적극 주장하고 뒤이어 사회복지학 분야 교수들이 일원화라는 용어에만 매몰되어 건강보험 통합이라는 허황된 주장을 하게 된 것이다.

그뒤 1998년 김대중 정부에서 통합을 위해 통합추진기획단(통추위)을 설치하고 통합을 본격적으로 추진하기 시작했다. 통합을 위해서는 전 국민에게 보험료를 단일 잣대로 부과해야만 가능하다는 것을 깨닫고, 1998년 12월에 통추위는 의료보험연합회로 하여금 단일

---

84 일본은 2003년에 와서 겨우 모든 건강보험제도의 본인부담률을 피보험자, 피부양자에 관계없이 아동과 노인을 제외하고 일률적으로 30%로 하는 보험급여의 일원화(一元化)를 이루었다.

보험료 부과체계를 개발하는 연구 용역을 실시하도록 했다. 이 연구의 책임자는 차흥봉(당시 한림대 교수, 통합 당시 복지부 장관)과 노인철(보사연 연구위원) 두 사람이었는데, 연구과제 수행 중 차흥봉 교수는 국민연금공단 이사장에 취임하게 됨에 따라, 연구책임은 노인철 박사가 맡았다.

그리고 1999년 2월에 제정한 「국민건강보험법」은 보험료 부과를 단일체계로 하도록 명기해 두었다. 그런데 1999년 7월에 발표된 연구 결과는 단일보험료 개발이 불가능하다는 것이었다. 복지부는 단일보험료 부과체계에 대비해 통합을 준비하고 있었는데, 단일보험료 부과체계 개발이 불발로 끝남에 따라 불가피하게 「국민건강보험법」을 1999년 말 정기국회에서 개정하고, 통합도 2000년 7월 1일로 연기했다. 그리고 단일보험료 부과체계가 될 수 없음에 따라 재정통합은 3년 후인 2003년 7월 1일에 달성하게 되었다. 단일 부과체계를 개발할 수 없으면 통합을 포기하는 것이 합리적이었으나[85] 통합을 단지 6개월 연기한 채 보험료 부과체계를 말도 안 되는 억지 방법으로 개발[86]하여 재정통합을 밀어붙임으로써 오늘날까지 문제를 일으키고 있다.

---

85 일본은 보험료 부과를 단일체계로 할 수 없음을 깨닫고 건강보험의 일본화(一本化)를 중단했는데, 우리나라는 보험료 부과를 단일체계로 할 수 없음을 알고도 통합을 밀어붙인 것은 합리적 의사결정이라 볼 수 없다.

86 단일보험자로 통합을 하려면 보험료 부과방법이 통일 되어야 한다. 그런데 단일부과방법의 개발이 실패하자 직장 근로자와 지역주민의 보험료 부과를 따로 하는 첫 번째 억지와 지역주민의 보험료를 당시 조합에서 사용하던 지역사회부과방식을 전국으로 확대 적용하는 두 번째의 억지로 통합을 강행했다.

4) 지역주민의 보험료 부과방법에 대한 몰이해

의료보장에 관한 이론 없이 이루어진 두 번째 사례가 보험료 부과
체계에 관한 것으로, 이 문제는 통합과도 연결된다.

첫째, 보험료 부과체계에 관하여 근로자의 경우, 임금에 정률을
부과하는 것은 세계 공통이었기 때문에 우리나라도 1977년 7월 근
로자에 대해서는 건강보험제도를 도입할 때부터 적용하여 이론적 근
거를 갖추었다. 문제는 1981년 7월 지역의료보험 시범사업을 시작하
면서 부과체계에 대한 이론의 빈약함이 드러났다는 데 있다.

사회의료보험을 운영하려면 필요한 재정을 주로 보험료로 조달
할 수밖에 없다. 보험료를 사회보험 원리에 따라 부과·징수하려면
대상자들의 정확한 소득신고가 필수적이다.[87] 그런데 지역의료보험
시범사업을 실시할 1981년 당시 지역주민들은 소득신고라는 개념조
차 없었다. 이럴 경우라면 소득이라는 능력을 기준으로 보험료를 부
과하는 것은 불가능했다. 그래서 지역주민들에 대한 보험료는 지역

---

87 소득파악이라는 용어는 매우 부적절하다. 소득은 재산과 같은 스톡(stock) 개념이 아니
라 늘 변하는 흐름(flow)의 개념이다. 따라서 소득은 경제활동을 하는 사람이면 일정기
간 동안(대개 1년) 번 돈을 세무서에 신고하고, 세무서가 이를 검증하여 확정하는 것이
다. 이것은 근로자도 마찬가지다. 근로자의 경우는 직장에서 1차적으로 신고소득을 검
토하여 세무서로 제출함에 따라 세무서의 검증작업이 용이하다. 자영자의 경우는 대상
에 따라 소득신고가 다양하고 검증방법이 다양하다. 부가가치세를 정확하게 납부해야
할 대상자(규모가 비교적 큰 사업자로 2023년 기준으로 연간 매출액이 8천만 원 이상
자)는 회계사의 검토를 거친 복식부기의 회계장부가 필요하고, 이들은 비교적 정확한 소
득신고가 이루어진다. 간이과세대상자(연간 매출액이 8천만 원 미만인 사업자, 부가세율
도 1.5%로 낮음)는 약식부기가 허용되는 등 다양한 방법으로 국세청은 자영자의 신고
소득의 정확성을 기하려는 노력을 한다. 그런데, 농어민과 같은 영세한 자영자는 사업자
번호도 없이 생업에 종사하기 때문에 소득신고 조차 없다. 이러한 사람들의 소득을 건강
보험공단이 파악한다는 것은 불가능하다.

사회 부과방식(community rating)을 택할 수 있다. 지역사회 부과방식은 크게 두 가지가 있다. 가장 손쉽게 할 수 있는 부과방식이 정액제(flat rate) 방식이다. 다른 방식은 주민의 소득이나 재산을 경제력에 비추어 몇 가지 등급으로 나누고 이에 따라 보험료를 할당하는 방식이다. 이는 지역사회 주민들의 소득이나 재산을 정확히 알 수 없기 때문에 소득이나 재산에 비례하는 보험료 부과가 아니라 상대적인 수준은 대략 짐작할 수 있기 때문에 등급으로 나누어 등급별로 보험료를 부과하는 방식이다. 지역사회 부과방식은 정액방식으로 하든 등급제 방식으로 하든, 보험의 관리가 지역사회(community)를 넘는 특별시나 도(道)와 같은 광역단위로 할 때는 적용하기 어렵다.

가입자 1인당 정액으로 보험료를 부과(flat system)하는 것은 건강한 사람이 허약한 사람을 도우는 방식이다. 능력비례보험료에 비하여 사회연대는 느슨하겠지만 가입자의 소득을 모르는 한 정액방식이 나름대로 사회연대기능을 하게 된다. 그러나 한계는 이 방법을 전국민을 대상으로 하거나 서울과 같은 대도시 주민들을 대상으로 적용해서는 사회연대를 이루기는 어렵다. 영국이 1911년에 비스마르크형 질병보험을 도입할 때, 독일과 달리 질병금고 단위로 보험료를 정액으로 부과하는 방법(flat system)을 택하였다. 그 뒤 1940년대 미국에서 비영리민간보험인 Blue Cross(병원 진료비)와 Blue Shield(의사서비스)라는 일종의 지역의료보험이 시작될 때 정액방식으로 보험료를 부과하였다. 그리고 현재는 스위스가 주(Canton)단위로 보험을 관리하면서 정액방식으로 보험료를 부과하고 있다.

우리나라도 1981년 1차 지역의료보험시범사업을 실시할 때 정액제를 채택했다. 다만 지역사회에 거주하는 주민이지만 경제력은 주민들끼리 대략 알 수 있으니, 3단계로 정액을 구분했다. 주민의 약 80퍼센트 정도는 1인당 월 600원으로 하고, 하위 약 10퍼센트 주민에 대해서는 400원으로, 상위 약 10퍼센트 주민에 대해서는 800원으로 했다. 이 당시만 해도 지역주민에 대한 보험료 부과는 전혀 무리가 없었다.

두 번째 지역사회 부과방식은 일본이 국민건강보험이라는 지역의료보험에서 도입한[88] 것으로, 소득, 재산, 가구원 수 등에 대해 보험료를 부과하는 방법이다. 일본도 지역주민들이 소득신고를 제대로 하지 않기 때문에 소득에 비례하는 방법으로 보험료를 부과할 수 없었다. 이에 일본은 주민들을 시·정·촌이라는 지역사회를 단위로 건강보험을 관리하고 보험료를 주민들의 소득, 재산에 대해 상대적인 소득개념을 동원하여 등급을 나누고, 가구원은 인두정액으로 보험료를 부과했다. 일본의 지역보험인 국민건강보험에서 채택한 보험료 부과방식은 [표 5]와 같다. 일본에서 재산비례, 소득비례란 용어를 사용하지 않고 소득할(割), 재산할(割)이라는 용어를 사용한 것은 지역사회 내에서 가입자의 소득이나 재산의 대략적인 순위에 따른 등급으로 보험료를 할당한다는 뜻이다. 우리나라는 1982년 7월 지역의료보험 제2차 시범사업에서 이를 활용했다.

88　일본은 근로자에 대해서는 '건강보험(건보)', 그리고 지역주민에 대해서는 '국민건강보험(국보)'이라는 명칭을 사용한다.

[표 5] 당시 일본 국보(國保)에서 사용하던 4요소 보험료 부과방식

구분	부과 대상	등급
응익(益)할	가입자 균등	1인당 정액
	세대 균등	세대당 정액
응능(能)할	소득	7등급
	재산	7등급

주: 응익이란 수익자에 대한 보험료 부과를 의미하고, 응능이란 경제력에 비추어 보험료를 부과한다는 뜻이고 할(割)은 비례란 뜻이 아니라 소득과 재산을 기준으로 보험료를 할당한다는 의미다.

우리나라 지역의료보험에서 보험료 부과방법에 문제가 생긴 것은 제2차 시범사업 때 [표 5]의 지역사회 부과방식을 채택하면서이다. 제1차 시범사업에서 채택한 정액제방식의 보험료 부과가 소득재분배 기능이 없다는 비판에 따라 개선책으로 도입한 방법이 [표 5]와 같이 일본의 지역보험에서 사용하는 부과체계였다. 보험료 부과에서 소득재분배 기능을 운운하는 것도 넌센스지만, [표 5]와 같은 지역사회 부과방식을 소득재분배 기능이 있다고 판단한 것은 더욱 큰 넌센스라 하겠다. 지역사회부과는 주민이 부담해야 할 총 의료비를 골고루 나누어 부담하자는 의미에서 정액방식보다는 4요소로 할 때 부담방법을 좀더 정교하게 할 수 있다는 것이지 소득재분배는 당초부터 고려되지 않았다.

아울러 일본에서 '재산할,' '소득할'이라는 용어를 우리나라에서

는 '재산비례,' '소득비례'라는 용어로 바꾸면서 보험료가 소득에 비례하고 재산에 비례하는 것으로 착각을 했다는 점도 넌센스였다. 소득할이라는 용어가 소득비례가 된다면 일본에서 굳이 소득할이란 용어를 사용했겠는가? 당시 우리나라의 지적 수준이 이랬다. 소득비례로 바꾸면 소득분배가 될 것이라 착각을 한 것이다. 소득재분배를 강화하기 위해 등급이 점차 세분화된 것도 이런 착오 때문이었다. 특히 당시 건강보험의 통합을 주장하는 사회복지학 전공자들은 주어진 여건에서 소득비례보험료와 재산비례보험료 부과등급을 세분화시킬수록 재분배가 더욱 잘 이루어진다고 판단했다. 그리하여 건강보험을 통합하기 전에는 소득비례와 재산비례를 30등급까지 세분화했다. 물론 세분화하면 관리비용이 증가하고 보험조직만 비대해질 뿐, 재분배는 거의 관계가 없었다.

건강보험을 통합한 이후인 오늘날에도 지역가입자에게는 지역사회 부과방식을 그대로 사용하고 있다는 대목에서는 말문이 막힌다. 지역사회 부과방식은 군(郡) 같은 소규모의 커뮤니티에서 필요한 재정을 분담하기 위한 것임에도 전국을 대상으로 소득을 75등급[89], 재산을 50등급, 자동차를 7등급으로 구분하는 우둔한 짓을 건보공단이 버젓이 저지르고 있다. 즉, 전국의 자영자들의 소득에 순위를 매겨 75개 등급으로 나눌 수 있으며, 재산은 50개 등급으로 순위를 매길 수 있다는 것은 단지 행정편의주의에 불과한 일이다. 그러다 2022년 7월부터는 [그림 3]과 같은 방법으로 부과체계를 대폭 개선했고, 2024년부터 자동차에 부과하는 보험료는 폐지했으나, 여전히

---

89 2022년부터 소득은 등급으로 나누어도 근로자와 같이 정률로 보험료를 부과하고 있다.

재산보험료가 남아 있어 지역사회 부과방식의 틀에서는 벗어나지 못하고 있다.

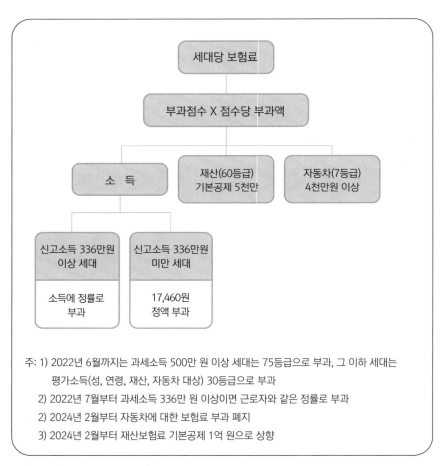

주: 1) 2022년 6월까지는 과세소득 500만 원 이상 세대는 75등급으로 부과, 그 이하 세대는 평가소득(성, 연령, 재산, 자동차 대상) 30등급으로 부과
2) 2022년 7월부터 과세소득 336만 원 이상이면 근로자와 같은 정률로 부과
2) 2024년 2월부터 자동차에 대한 보험료 부과 폐지
3) 2024년 2월부터 재산보험료 기본공제 1억 원으로 상향

[그림 3] 2022년 7월 기준 지역가입자의 보험료 부과 틀

근로자에 대해 정률방식을 채택하는 것은 소득재분배 기능을 강조하기보다는 사회연대를 이룬다는 의미가 강하다. 그래서 대다수 국가들은 보험료 부과에 상한선을 두고 있다. 우리나라는 소득재분배를 강조하는 시대정신이 강해 2022년 기준으로 보험료의 상한선이 평균보험료의 30배 수준으로 높다. 그러나 독일은 제도 초기에는 상한선을 평균보험료의 3.2배로 했다가, 1950년 1.5배, 현재는 1.2배 정도로 제한하고 있다. 소득재분배는 소득세에서 할 수 있기 때문이다. 근로자의 보험료 부담이 높아지면 기업의 국제 경쟁력은 그만큼 낮아지기 때문에 보험료에서는 주로 사회연대 가능만 강조하는 것이 의료보장제도를 운영하는 국가의 관례가 된다.

소득은 신고를 통해야만 알 수 있음에도 소득파악이라는 용어를 사용할 정도로 소득에 대한 이론도 없다. 보험료 부과를 정액제로 하면 사회연대가 어려운 것으로 인식하거나, 지역사회 부과방식이 무엇인지, 그리고 지역사회부과에서 소득재분배 기능이 없다는 사실도 모르는 실정이다. 이러한 상황에서 전 국민을 하나로 통합하고 지역주민과 직장 근로자의 보험료를 달리 부과하는 한심한 행태를 자행하는 까닭은 건강보험운영에 대한 이론적 기반이 없기 때문이다.

2. 이론에도 없는 통합 추진

우리나라에서 통합이 추진된 것은 앞서 언급한 바와 같이 일본의 사례를 잘못 이해한 데서 출발한다. 그렇다고 통합의 논리를 개발하지 못한 사유가 될 수는 없다. 통합의 논리를 개발하지 못했다면 통합을 하지 않는 것이 국가정책을 다루는 올바른 길이다.

통합 논리를 개발하려면 먼저 건강보험 통합을 단행한 국가가 있는지 사례를 분석해야 하는데 이마저 없었다. 건강보험을 한국식으로 통합한 국가가 없었기 때문에 사례를 찾을 수 없었을 것이다. 그렇다면 통합을 중단해야 마땅했지만, 정부는 건강보험에 대한 지식이 전혀 없는 송자 교수를 기획단장으로 내세워 통합을 추진하는 우(遇)를 범했다.

통합을 주장한 초기에 등장한 외국 사례는 전부 잘못된 것이었다. 통합에 관한 논쟁이 한창일 때인 1988년 사회복지학 전공자 18인이 발표한 『전국민의료보험을 위한 통합일원화 방안』이란 보고서[90]를 보면 통합 사례로 등장한 외국은 전부 건강보험을 하다 국가공영제로 전환한 국가들이었다. 건강보험과 국가공영제는 전혀 다른 원리로 작동하는데 통합 사례로 이탈리아 같이 국가공영제를 운영하는 남유럽 국가를 예시한 것이다.

유럽에서도 건강보험에서 통합은 1980년대 말에 등장하게 된다. 이 당시는 신자유주의가 의료분야에도 확산되어 경쟁원리 도입이 개혁과제가 되었다. 먼저 건강보험국가인 네덜란드에서 미국의 의료경제학자인 엔토벤의 관리된 경쟁이론을 받아들여 1987년 3월 의료개혁에 관한 『Dekker 보고서』 *Willingness to Change*를 발표했다. 의회의 토론을 거쳐 새로운 제도 도입을 향한 첫 단계는 1989년 1월에 실시하도록 계획되었다. 개혁의 주 내용은 모든 개인의 소득에 대해 정률보험료를 정부가 징수하여 이를 중앙기금(재정통합으로 등장한 조직)으로 이전, 의료보장의 주된 재정으로 사용하고, 보험재정의 일부(15퍼센트)는 질병기금이 가입자 1인당 정액으로 부과하도록 했다.

90　사회보장연구회(1988), 『전국민의료보험을 위한 통합일원화 방안』, 7월

그리고 개인은 반드시 질병기금 가운데 하나를 선택하도록 했다. 개인은 1인당 정액보험료가 낮은 기금을 선택하게 되어 의료비를 줄일 수 있을 것으로 보았다. 『Dekker 보고서』에서 제시된 이 같은 질병기금간의 경쟁을 '관리된 경쟁모형'으로 불렀다. 네덜란드의 의료개혁은 1989년 시작하여 1992년까지 4개년에 걸쳐 완료하고자 계획했으나 그후의 정권교체로 개혁안은 제대로 실행되지 못하다, 2006년 『Dekker 보고서』보다 좀더 급진적인 개혁을 단행하게 되었다.

다른 하나의 개혁모형은 영국 NHS에서 볼 수 있다. 영국도 엔토벤에 의해 제시된 내부시장 모형에 관한 보고서[91]가 토대가 되어 1989년 1월 개혁백서인 *Working for Patients*를 발간했다. 내부시장 원리란 NHS에서 서비스의 구매자와 공급자를 분리시켜 경쟁을 하는 것을 의미한다. 구매자는 [그림 4]에서 볼 수 있듯이, 구역보건청과 기금소유 일반의(GP Fund Holder)가 된다[92]. 일반 국민들은 의료서비스를 제공받기 위해 구매자를 선택할 수 있도록 허용했다. 구

---

91 Enthoven AC (1985), *Reflections on the Management of the National Health Service*, London: NPHI.

92 NHS 내부시장에서 의료구매자는 의료소비자와는 다른 개념이다. 영국의 의료개혁의 핵심은 의료구매자를 임의로 설정하고 주민들에게 의료구매자의 선택권을 부여하여 구매자들이 많은 수의 주민을 확보하기 위해 서로 경쟁하도록 유도한 데 있다. 의료구매자는 두 가지 종류가 있다. 첫째는, 개업한 일반의 가운데서 선발된 사람으로 이들을 기금소유 일반의(GP Fundholder)라 부른다. 이들은 일반의로서 회계에 대한 기본지식과 경영능력을 갖추고 일정 수 이상의 주민들을 등록받아야 한다(처음에는 11,000명 이상 등록받아야만 기금소유 일반의가 되었지만 그 뒤에는 차츰 등록 하한선을 낮추어 1995년에는 5,000명 이상의 주민만 등록받으면 되었음). 구역보건청은 기금소유 일반의들에게 등록받은 사람들의 1년간 의료비를 배정해 주어 이들이 가입자들을 대신하여 의료서비스(1차 의료 및 병원서비스)를 구매하도록 했다. 둘째는 기금소유 일반의를 선택하지 않는 주민들을 위한 구매자는 구역보건청이 된다. 1995년 현재 국민들의 약 50퍼센트는 기금소유 일반의를 구매자로 선택하고 나머지 국민들은 구매자를 선택하지 않아 불가피하게 구역보건청이 구매자 기능을 하고 있다.

매자는 선택해 준 주민을 대리하여 서비스 공급자(개업 일반의, NHS trust 병원, 민간병원 등)와 계약을 통해 등록한(선택해 준) 주민에게 의료서비스를 제공하는데, 이 과정에서 구매자와 의료공급자가 경쟁을 하게 된다. 여기서 유의해야 할 점은 구매자는 환자가 아니고 재정조달자인 NHS 당국이라는 것이다. 영국은 1991년 4월부터 개혁안을 실행했다. 영국은 전에 볼 수 없었던 구매자가 등장함에 따라 구매이론이 개발되었고 영국에서 제기된 구매이론에 따라 건강보험 국가들도 질병기금을 구매자로 간주하게 되었다.

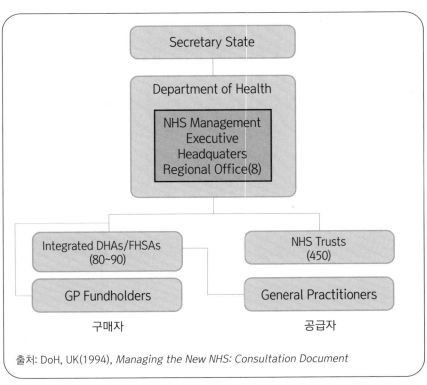

출처: DoH, UK(1994), *Managing the New NHS: Consultation Document*

[그림 4] 영국 내부시장 의료체계(1995/6)

1980년대 말에 등장한 두 국가의 사례에 따라 건강보험국가들은 재정의 통합을 통해 중앙기금을 설치하는 개혁을, 공영제 국가들은 구매자와 공급자를 분리하는 개혁을 이루었다. 구매자는 지금까지 진료비를 심사하여 지불만 하던 수동적 기능을 버리고, 구매기능을 통해 의료체계의 효율성 제고의 책임을 갖게 되었다. 개혁 이전에는 의료체계의 효율성 제고가 공급자의 역할로 치부되어 정부나 보험자는 공급자만 규제하면 효율성이 올라갈 줄 알았다. 그러나 개혁을 한 이후는 의료체계의 효율성 제고는 공급자가 아니라 구매자의 역할로 간주되어 구매자간 경쟁을 통한 효율성 제고라는 적극적 구매자 역할을 강조하게 되었다.

　세계는 이처럼 신속한 개혁으로 중앙기금을 설치하고 질병기금은 그대로 두어 경쟁을 통해 의료체계의 효율을 추구하는데, 우리나라는 1967년 일본의 건강보험 일본화(一本化)라는 제안에 빠져 1990년대 말까지 어리석은 일로 세월을 허송했다. 일본이 일본화를 추진하지 못한 이유를 제대로 알았다면 우리는 통합 주장을 거두어 들였어야 했다. 그럼에도 한국형 건강보험 통합은 강행되었다. 통합은 보험료 부과체계 단일화의 실패로 소득재분배도 이루지 못했고, 보험급여를 관리할 조직도 없애 의료비 관리도 제대로 하지 못했다. 특히 통합과 함께 비급여서비스를 인정함으로써 의료기관의 영리화를 초래했고, 통합을 전후하여 진료권을 폐지함에 따라 의료의 지역화도 붕괴되고 말았다. 이러한 패착이 작금의 의료위기를 초래하는 원인으로 작용했다.

3. 4대 사회보험 통합이란 엉뚱한 발상

1) 4대 사회보험 통합의 제기와 결말

1997년 IMF 구제금융으로 국가부도를 겨우 막고, 1998년 2월에 출발한 김대중 정부는 3월에 의료보험통합추진기획단을 설치하고 의료보험 통합을 위해 노력했다. 앞서 살펴본 바와 같이 통합이 이론적 토대나 외국 사례[93]에 대한 면밀한 검토도 없이 이루어져 오늘날까지 그 부작용의 여파가 나타나고 있다.

아무튼 김대중 정부는 통합에 대한 자신감이 어디에서 솟았는지는 모르겠지만, 1998년 6월과 9월에는 고위당정회의에서 사회보장심의위원회(위원장: 총리) 산하에 4대사회보험통합추진기획단을 설치하여 4대 사회보험의 통합방안을 마련하기로 결정했다. 이후 총 55차례의 회의를 거쳤으나 4대 사회보험의 통합방안 마련은 엄두도 내지 못했다. 통합기획단은 기껏 보험료 징수통합이라는 기형적 정책[94]을 '99. 12. 29 기획단에서 마련했을 뿐이다. 징수도 4대 사회보험을 모두 통합한 것이 아니라 복지부의 2대 사회보험(건보 및 연금보험)과 노

---

93 대만이 1995년 전국민건강보험을 실시하기 위해 단일관리체계로 했다. 대만은 전 국민의료보험이 이루어지기 이전에는 근로자를 대상으로 했으며 4대 사회보험이 통합된 형태였다. 즉, 근로자는 의료, 연금, 고용, 산재라는 사회적 위험을 갖기 때문에 이 4종을 노공보험이라는 단일 체계로 관리했다. 그리고 공무원(사립학교 교사 포함)은 고용보험만 빠진 3대 사회보험을 공무인원보험으로 통합 관리했다. 문제는 근로자의 가족이나 자영자들은 4대 사회보험이 통합된 보험에 적용할 수 없다는 점이다. 그리하여 1995년 노공보험과 공무인원보험에서 의료보험은 따로 분리하고 여기에 근로자 가족 및 자영자를 포함시키는 별도의 전민건강보험을 새로 창립했다. 따라서 대만은 조합방식에서 통합을 한 것이 아니라 전혀 새로운 제도를 만든 것이다. 따라서 우리나라가 2000년 통합을 할 때, 대만의 사례를 참고하기는 힘들었다.

94 어느 국가에서 보험료 징수만 떼어내어 통합하는 사례도 없고, 징수만 통합하는 방안이 효율적이라는 연구도 없기 때문에 필자가 기형적 정책이라는 용어를 사용했다.

동부의 2대 사회보험(산재 및 고용보험)의 2:2 징수통합방안을 중심으로 하는 안을 사회보장심의위원회에서 확정[95]했으나, 그나마도 노동부와 복지부의 의견충돌이나 사회보험공단 및 관련 노조의 방어적 대응으로 모두 중단되었다.

그 이후 이명박 집권 당시인 2008년 정부는 4대 사회보험의 징수업무를 통합하는 법안을 정리하여 2009년 1월 시행을 목표로 국회에 제출함에 따라 보험료 징수를 어떻게 통합하느냐에 관심이 높아졌다. 이 법은 노무현 정부 때 설치된 대통령자문빈부격차·차별시정위원회에서 문제를 제기했다. 그러나 이 위원회의 안에 대하여 찬반 논의가 계속되자 2011년 1월부터 보건복지부 산하의 건강보험료와 국민연금보험료의 징수를 국민건강보험공단에서 담당하는 것으로 끝을 맺었다.

2) 4대 사회보험 통합의 어불성설

4대 사회보험 통합은 1919년에 설립된 ILO가 권장하는 사항이지만 의료보험과 다른 보험의 성격이 달라 통합 관리하기가 어려웠다. ILO는 독일에서 사회보험이 시작되면서, 질병보험(1883년), 재해보험(1884년), 노폐보험(연금보험, 1899년), 실업보험(1927년)이 연차적으로 이루어짐에 따라 제도별로 관리되는 문제를 지적했다. ILO는 근로자의 관점에서 의료, 연금, 산재, 고용 등의 사회적 위험은 공동으로 갖고 있는데 사회보험은 따로 실시함에 따라 관리의 중복이나 기금의 별

---

95 4대 사회보험의 통합은 빠지고 보험료 징수통합안만 결정되었다.

도 관리 등의 문제가 있어 이를 시정하기 위해 사회보험의 통합 관리를 권장하게 되었다. 그리하여 제2차 세계대전 이후에 사회보험을 실시한 상당수의 국가들은 근로자를 중심으로 4대 사회보험(의료, 연금, 고용, 산재)을 통합 관리하는 형태를 취하게 된다. 중남미 국가들이 그렇게 했으며, 아시아 쪽을 보면 대만과 베트남 및 튀르키예 등이 이와 같은 형태를 취했다.

제2차 세계대전이후 근로자에 대해 4대 사회보험을 통합했을 때, 연금에서 적립금이 쌓이게 되었다. 이 재정으로 부족한 의료시설(특히 지방)을 건립하여 의료서비스의 형평 제공에 도움이 되었다. 그러나 근로자의 가족이나 자영자에게 의료보험을 실시하기 어렵다는 것이 문제였다. 4대 사회보험의 급여는 주로 현금(의료의 상병수당, 연금, 고용, 산재)으로 구성되지만 의료보장은 현물(의료서비스)을 급여로 하기 때문에 의료보험과 다른 보험을 같이 하는 것이 어려웠다는 이야기다. 그래서 [주 93]에서 본 대만의 사례 같이 의료보험은 4대 사회보험에서 분리하여 단일체계로 관리하게 되었다.

베트남의 경우를 보면 오랜 식민지 시대와 통일전쟁의 여파로 경제가 피폐해져, 1980년대에 들어서도 빈곤과 내핍이 일상화된 상태였다. 베트남은 1986년부터 도이머이(Doi Moi) 정책에 의해 개혁과 개방을 서두르면서 점진적으로 시장경제로 전환했다. 이와 함께 부족한 의료자원을 보충하고 많은 자원을 의료분야에 동원하기 위해 다양한 정책이 등장했다. 그리하여 1989년부터 무상의료제도를 폐지하고 공공의료시설을 이용하는 사람들에게 비용의 일부를 부담하도록 하는 사용자 부담제도(user fee)가 도입되었다. 아울러 민간병원도 같은 해에 법적으로 허용했다. 베트남의 건강보험은 1992년에 시행되어 지방의 성(省)정부 단위에서 자치적으로 운영했다. 운영 주체는 성급 병원이었으며 재정조달은 피보험자의 보험료, 건강보험기금, 중앙과 지방 정부 예산 등 다양한 재원으로 이루어졌다. 성 단위로 분산 관리하다 1998년부터 사회보장청으로 이관하여 4대 사회보험을 통합하는 형태의 단일관리체계를 갖추었다. 하지만 전 국민에게 의료를 보장하기 위한 정책을 추진하려니 사회보장청과 보건부 사이에 충돌이 빚어지는 문제가 일어났다. 병원을 위시한 의료공급체계(delivery system)는 보건부에서 관리하는데 반해 보험료를 부과·징수하고 국고지원을 담당하는 것은 사회보장청이 하고 있었다. 사회보장청은 총리실 산하로, 당국이 주요 의사결정을 내렸기 때문에 보건부와의 갈등은 당연했다.

대다수 사회보장국가의 관리 형태를 보면 의료서비스를 제공하는 의료보장은 다른 사회보험과 분리하여 운영했다. 다만 유럽의 공영 의료제도(NHS 혹은 RHS)를 택한 국가들은 의료서비스는 중앙정부나 지방정부에서 관장하지만 현금을 다루는 연금과 고용, 산재 및 의료의 상병수당은 별도의 사회보장청을 설립하여 관리했다. 건강보험제도를 운영하는 국가는 당연히 분리하는 형태이나, 연금, 고용, 산재는 사회보장청에서 통합 관리하고, 의료의 상병수당은 질병기금에서 다루었다. 건강보험국가에서 상병수당은 현금 급여임에도 사회보장청이 아닌 질병기금이 이를 담당한 이유는 상병수당의 지급 여부를 판정하는 사람이 의사이기 때문이었다.

이상의 사례를 검토할 때, 4대 사회보험의 통합 관리는 근로자만 적용할 때 가능하지만 근로자 외의 지역주민에게 의료를 보장하려면 어려운 문제에 봉착하게 된다. 따라서 4대 사회보험을 사회보장청에서 통합 관리할 경우 전 국민 의료보장은 추진하기 어려워 대만의 사례처럼 근로자들에게 4대 사회보험 통합 적용했으나, 전 국민 의료보장을 위해 불가피하게 의료보장은 분리했다. 그런 대만의 사례도 검토하지도 않고 1998년 무턱대고 4대사회보험통합추진기획단을 설치하여 55차례나 회의를 했지만, 별다른 뾰족한 방법을 찾을 수 없어 결국 4대 사회보험 통합은 유야무야하게 되었다. 그렇게 끝난 문제를 노무현 정부 때는 대통령자문빈부격차·차별시정위원회에서 쓸데없는 4대 사회보험의 보험료 징수의 통합 문제를 들고 나온 것이다. 이 문제도 논쟁만 벌이다 복지부 산하의 건강보험과 연금보험의 보험료 징수 통합이라는 이상한 결론을 내고 말았다. 건강보험과 연금보험의 보험료 부과체계가 다른데 징수만 통합하는 것이 과연 효율적인지는 생각해 볼 과제이다. 특히 이해가 안 되는 것은 빈부격차·차별시정문제와 보험료 통합 징수가 대체 무슨 상관이 있는가다. 통합 징수는 조직 관리 등과 결부되는 문제인데, 조직의 관리나 경영과 관련되는 문제에 전혀 전문성도 없는 빈부격차·차별시정위원회가 대통령 직속기구라는 권위를 앞세워 보험료 통합 징수라는 경영상의 문제를 다루었다니 기가 찰 노릇이다.

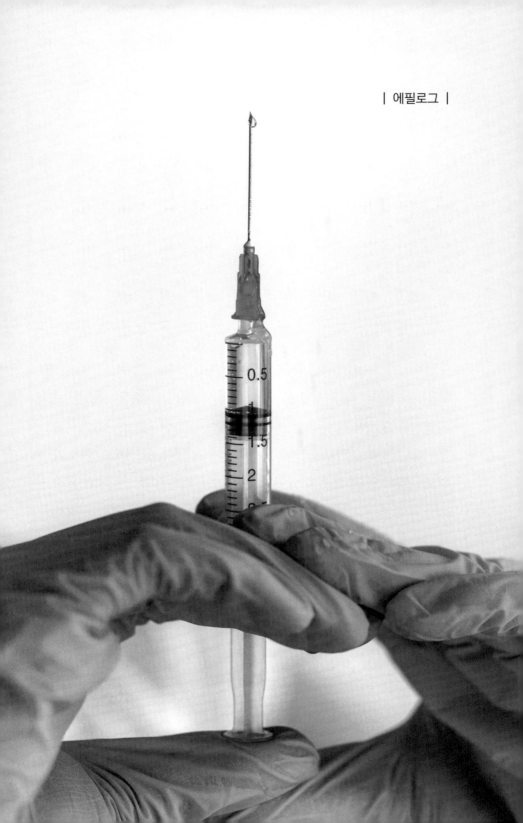

우리는 의료보장제도를
유지할 자격이 있는가?

　건강보험이라는 사회보장제도를 유지하려면 제도와 관련된 모든 사람이나 조직이 저 나름의 역할을 감당해야 한다. 오케스트라나 합창단을 떠올려 보면 쉽게 이해할 수 있을 것이다. 오케스트라는 다양한 현악기와 목관악기, 금관악기, 그리고 타악기로 구성되고 합창단은 소프라노, 알토, 테너 및 베이스로 구성된다. 각자 맡은 역할은 다르지만 모든 구성원이 합심하여 제 역할을 충실하게 수행할 때 비로소 아름다운 하모니가 만들어지는 것이다.

　건강보험 역시 마찬가지다. 건강보험의 구성원은 이용자와 공급자, 그리고 보험자다. 먼저, 건강보험의 수혜를 받는 사람(국민)들은 보험료를 낼 각오가 되어 있어야만 제도의 작동이 가능하다. 의료서비스를 공급하는 의료기관은 영리를 생각하지 않고 운영해야 하며,

정책을 수립하는 사람들은 의료의 소비자 시장이 없어진다는 점을 인식하고 정책을 수립하여 가입자에게 모두 균등한 기회로 의료를 보장해야 제도가 제대로 굴러갈 수 있다.

그런데 우리나라의 상황은 어떤가? 우리나라에서는 이용자나 공급자도 사회의료보험에 대해 잘못된 인식을 갖고 있다. 심지어 정책 수립자도 잘못된 패러다임에 갇혀 제대로 된 정책을 내놓지 못하고 있는 실정이다. 이런 사회에서 과연 건강보험을 제대로 유지할 수 있을지 의문이다.

1. 의료 사회화를 인식하지 못하는 사회

건강보험이라는 사회보험이 도입되면 의료 사회화가 된다는 점은 이미 앞에서 설명했다. 일반 대중이 이러한 변화를 인식하기는 쉽지 않은 일이다. 그러나 정책을 담당하는 복지부의 관료(공단 및 심평원 포함)들과 이 분야 전문가라는 학자들도 의료 사회화를 인식하지 못하고 있다는 점은 매우 안타까운 일이다. 상황이 이러니 정부가 제대로 된 정책을 수립할 수 있는 사회적 환경은 조성되기 어려울 것이다.

건강보험제도에서 가격은 환자에게는 의미가 없기 때문에 "수요 접근이 아닌 필요도 접근"을 해야 한다는 설명이나 "건강보험의료의 구매자는 환자가 아니라 보험자"가 된다는 설명에 대해 전문가들도 이해를 하지 못하고 있는 것이 현실이다.

미국은 1935년에 「사회보장법」을 제정했으나 의료보장을 이에 포함시키지는 못했다. 의료보장제도는 의료의 사회화가 이루어진다고 미국 의사회가 거부했기 때문이다. 우리나라 복지부 공무원들과 이 분야의 전문가들은 타산지석으로 삼을 수 있는 이런 중요한 내용을 그저 남의 나라 일로 취급하고 귀담아듣지 않는다. 이처럼 정책입안 자들이 "의료보장제도는 의료를 사회화"한다는 점을 인식하지 못해 여러 가지 정책적 문제가 일어나고 있다.

의료보장제도가 의료의 사회화가 된다는 점을 인식하지 못함에 따라 「공공보건의료에 관한 법률」과 같은 필요도 없는 한국형 법률 이 등장하고, 건강보험에서 제공하는 의료를 '공공성이 강한 사적재 화'로 취급해 공공병원만 공공의료생산자라는 식의 정책이 등장한 다. 더욱 기가 막히는 일은 건강보험의료를 사적재화라고 강변하는 사람들이 "의사는 공공재"라는 주장을 버젓이 한다는 것이다. 이는 의료 사회화와 의료 사회주의를 구분하지 못해 아둔한 정책수립으 로 연결되고 있으니 아찔할 뿐이다.

의료 사회화에 대한 인식이 없다 보니 주민이 불평한다는 이유로 정부가 대진료권을 용감하게 폐지하고, 지역의료보험을 하나로 통 합하면서 중진료권도 폐지하여 의료자원이 수도권으로 집중하도록 길을 터놓았다. 그래놓고 이제와서 지방의료를 살린다며 의과대학 입학정원을 늘리고 서울에 소재하지 않은 지방의과대학 증원에 모두 를 쏟아 붓는 대신, 이들이 졸업하면 지방에서 몇 년은 의무 근무제 를 도입하겠다는 '기막힌 묘수'를 만들어 내고 있다. 그런데 진료권 이 폐지된 지 거의 30년의 세월이 흘러 환자들은 이미 수도권 의료기 관에 길들여졌는데 의사를 지방에 둔들 무슨 소용이 있겠는가? 환자 가 정부의 기막힌 묘수에 승복해 지방으로 돌아오고 의사가 지방에서 흔쾌히 개업해 지역의료를 살릴 수 있을까?

건강보험을 실시하면서 비급여를 공인하여 혼합진료가 가능하게 한 것 까지는 봐줄 수 있지만, 비급여서비스의 가격 설정을 의료기관이 할 수 있도록 용인한 것은 이해하기 어렵다. 이런 우매한 정책이 나온 이유는 건강보험이 의료 사회화를 초래한다는 개념이 없었기 때문이다. 그 결과 우리나라는 명색이 의료보장국가임에도 공공병원마저 영리화가 심각한 수준에 이르고 있다. 의료가 영리화가 되니 의사도 사람인데 돈벌이가 좋은 분야로 쏠리게 되면서 피부과와 안과 및 성형외과 등은 전공의가 몰리지만, 소아과와 산부인과, 외과 등은 지원율이 턱없이 낮다. 이런 진료과는 비급여서비스가 제한되는 데다, 저출산으로 환자 숫자도 줄어들기 때문이다. 이런 상황에서는 인구가 적은 비수도권 지역에 개원해서는 수지타산을 맞추기 어렵기 때문에 지방에서는 이런 진료과는 의사를 구하기가 하늘의 별따기 수준이다. 의료현장의 사정이 이러하니 의사가 부족하다고 느끼는 것은 당연한 일이다. 그런 데다 건강보험국가로서 지금까지 의료계획이 없었으니 언제 어느 지역에, 어떤 분야의 의사가 몇 명이나 부족한지도 여태 깜깜이 수준인 것이다.

민영보험업 쪽은 어떠한가? 비급여가 공인되고, 의료에서 영리가 가능하다고 판단되니 그동안 관망만 하고 있던 민간보험업계가 재무부(현 기재부)를 움직여 보험업법을 개정하고, 손해보험회사도 금융산업 발전을 명분으로 의료보험사업에 뛰어들고 있다. 그런데 민영보험의 문제는 그것이 보완형(complementary) 실손보험이라는 데 있다. 보완형 민영의료보험은 건강보험의 이용을 부추길 수 있어 유럽 의료보장국가 중 대부분이 도입에 신중을 기해 제한된 국가에서만 허용하고 있다. 우리는 이런 기본적인 원리도 모른 채, 재무부 주도로 실손보험을 도입하여 국민들의 의료 이용을 부추기고 있다. 그렇잖아도 비급여로 의료기관이 영리를 추구할 수 있게 되었는데 실손보험의 등장은 영리추구 행위를 더욱 부채질하여 경상의료비 증가를 촉진시키고 있다. 비급여와 함께 실손보험으로 인한 의료기관의 영리화는 의사소득의 차등화를 심화시켜 전문과별 의사 편재와 같은 현상을 촉발하게 되었다. 이러한 문제를 해결하려는 정부의 의료개혁은 의과대 입학정원의 대폭 증원과 '필수의료 정책패키지'로 나타났다. 의과대 입학증원을 한꺼번에 65퍼센트나 증원시키는 과감한 정책[96]은 의료계를 경악시켜 전공의가 파업을 일으키는 '의료대란'으로까지 이어지고 말았다.

2. 의료보장제도와 부합하지 않는 각종 법률

민간의료기관을 건강보험이라는 국가적 사업에 동원하기 위해 요양기관당연지정제가 실시되고 있다. 유럽 의료보장국가들은 이를 위해 민간의료기관에도 조세감면 혜택을 주고, 연구비 지원이나 의사의 수련비를 정부가 부담하고 있다. 우리나라에서 이러한 정책을 주장하면 국세청이나 기재부는 왜 민간의료기관에 재정을 지원하느냐고 펄쩍 뛸 것이다. 한나라당이 집권할 당시 필자가 경험한 일이다. 민간

---

96 의과대학 입학 증원을 2004년 처음으로 351명을 감축하던 정부가 2025년 입학생을 65퍼센트(2000명)나 증원시키는 정책을 발표했으니 필자가 과감한 정책이라는 표현을 사용하게 되었다.

의료기관에 대한 조세감면 혜택을 주장했다가, 당시 여당 간부로부터 실정을 모르는 학자로 취급당한 적이 있다. 민간의료기관의 세금을 면제한다는 것은 법적 근거도 없을 뿐 아니라, 영리활동의 세금을 어떻게 낮추느냐는 것이었다. 법적 근거는 법률을 개정하면 가능하겠지만, 우리사회 전체의 분위기가 민간의료기관은 당연히 영리활동을 하는 곳으로 인식하던 터라 세금을 면제해주거나 수련의 훈련비를 지원하자고 주장하면 말도 안되는 정책으로 치부되던 것이 문제였다. 이러한 국가에서 건강보험제도를 지속적으로 유지할 수 있겠느냐는 회의가 든다. 필수의료를 살린다 해도 기껏 정부가 동원할 수 있는 정책은 수가 인상에 한정될 수 밖에 없다. 수가 인상을 '필수의료' 분야에 한정할 경우, 당장의 급한 불은 끌 수 있을지 몰라도 장기적으로는 수가 구조를 왜곡시켜 다른 부작용이 나타날 수 있다. 따라서 수가 인상보다는 민간병원이라도 건강보험의료를 제공하면 국가사업에 참여한다고 판단하여 세제혜택이나 전공의 수련비용을 지원하는 편이 훨씬 효과가 좋을 것이지만 이 같은 정책대안은 받아들여지기 어렵다는 게 현실이다.

건강보험의료에서 영리를 취하지 못하도록 원가를 기준으로 가격이 설정되는 한편, 「국민건강보험법」이 똑같이 적용되는 사업을 하는데 왜 민간의료기관과 공공의료기관을 차별하느냐 항의할라치면 우리나라 경제 관료들은 민간의료기관을 돈벌이에 눈이 먼 기관으로 치부하고 있으니, 이런 환경에서 과연 건강보험제도가 지속 가능하겠는가?

복지부가 발표한 '필수의료 정책패키지'을 봐도 공공의료기관이 중심이다. 의과대학생 증원도 국립대 중심인 데다, 교육의 질이 떨어지는 것을 방지하기 위해 교수 1,000명을 늘리겠다는 정책도 국립대에 한정하겠다고 하니, 우리나라가 의료보장제도라는 좋은 사회제도를 누릴 자격이 있는지 의구심이 들 따름이다. 사립의대를 졸업한 의사는 외국 환자만 진료를 하는지, 민간의료기관은 국내 환자는 돌보지 않고 외국 환자만 진료하는지, 관료들이 이런 사고방식으로 어떻게 제대로 된 의료보장제도를 유지할 수 있겠는가? 기가 막힐 노릇이다. 복지부 관료들의 사고방식이 이러한데 다른 부처, 특히 경제부처나 국세청의 관료들까지 생각하면 우리나라에서 올바른 의료보장제도를 운영하는 일은 요원하지 않을까 싶다.

3. 미국형 시장의료체계에 젖은 의료정책

앞서 의료 이념에서 언급했지만, 의료보장제도는 의료가 인간의 기본권이라는 유엔 인권선언에 기초한 규범에 따라 세계 각국이 실시하고 있다. 따라서 의료보장국가의 의료정책은 수요가 아니라 필요도에 기초하여 의료서비스를 배분하는 일에서부터 공공의료에 관한 정의라든가, 구매이론의 등장이라든가 진료권 설정과 환자의뢰체계의 실시라든가 의료계획의 수립에 이르기까지 모든 정책이 규범적 접근을 따라야 한다.

미국은 사회보험방식의 의료보장제도를 Medicare나 Medicaid에 한정하고 있어 규범적 접근으로 정책을 수립하기 어렵다. 따라서 미국의 의료정책은 의료시장을 전제로 합리주의적 접근법에 따라 이루어지고 있다. 다만 의료시장은 다른 재화를 다루는 시장과 다르게 시장실패나 경쟁의 불완전 같은 특징이 있어 정부 개입이 많은 의료 정책이 수립되고 있다. 그러다 보니 의료는 공공재가 아니라 사적재화가 되며, 서비스 배분을 시장수요를 토대로 이루어지고 있다.

그런데 안타깝게도 우리나라의 관료나 대학교수들(필자 포함)은 주로 미국에서 교육을 받아 미국 정책에 상당히 편향되어 있다. 그러다 보니 전국민건강보험을 달성한 국가에서 의료의 소비자 시장이 작동하는 것을 믿어 의료서비스의 배분을 시장수요에 의존하고, 의료서비스는 공공재라는 인식이 없으며 의료계획은 애당초 생각하지 않고 있다.

미국의 합리주의적 사고에 따른 정부의 역할은 의료시장은 경쟁이 불완전해 개입해야 한다는 것이다. 이런 사고방식을 가진 관료나 학자들이 정책을 수립하는 한, 의료보장제도와 이념의 부조화로 계속 현실과 어긋나는 정책이 나올 수밖에 없다. 그런 결과로 의료파동이 불거지고 있는 데다, 정부가 내놓은 '필수의료'란 용어도 합리주의 접근법을 따르고 있어 우리나라의 앞날은 어두울 수밖에 없다.

4. 의료분야 문제를 보험수가로 해결?

의료보장제도가 도입되면 의료 사회화가 된다는 사실이나, 의료보장 의료가 공공재가 된다는 사실도 모르는 관료와 전문가들이 건강보험제도를 운영하다 보니 의료분야에 문제만 생기면 전부 보험수가를 올려 해결하자고 주장한다. 모든 문제를 수가로 해결하려는 자세야말로 의료보장제도가 의료 사회화를 초래한다는 인식이 없기 때문에 등장한 것이다. 의료시장이 존재한다면 의료분야 문제의 대부분은 수요와 공급의 부조화에서 발생하게 된다. 이때는 의료수가로 접근하는 것이 최선이다. 그러나 앞서 누누이 설명한 바와 같이, 의료보장제도는 환자가 의료 가격을 인지하지 못하게 만든 제도이다. 이런 상황에서 의료분야 문제를 의료수가로 대처하겠다는 주장은 문제를 해결하는 것이 아니라 이를 더욱 꼬이게 만든다.

수년 전 언론이 외과 및 흉부외과 전문의 부족을 떠들자, 정부는 정책수가라 하여 이 분야의 보험수가를 20~100퍼센트를 가산해주는 임시 땜질식 대책으로 위기를 넘겼다. 당시 정책수가로 외과 및 흉부외과의 인력 문제가 제대로 해결되었는지 궁금하다. 현재 정책수가인 가산율이 적용되고 있는 의료행위는 거의 30종이 넘는다. 이러한 정책가산제도는 상대가치 수가의 장점을 일거에 무너뜨리고 있다. 최근에는 소아과와 산부인과의 의사가 부족하다는 보도가 언론을 타자 정부는 소아과와 산부인과의 수가를 높이겠다고 발표했다. 의료시장의 존재를 인정하는 합리주의 접근에서는 당연한 정책이라 하겠으나, 의료보장제도에서는 공급자 시장은 인정하지만 소비자 시장은 없는 것과 같다. 물론 공급자 시장도 합리주의 접근식 시장과는 성격이 많이 다르다. 의료보장제도하에서 진료권이나 의료기관의 위계화 같은 공급체계(delivery system)를 갖춘 시장을 의미하므로 합리주의 접근의 시장과는 상당히 다른 것이다. 이런 형편에서 의료분야의 모든 문제를 보험수가로 대처한다는 것은 매우 위험한 발상이다. 차라리 앞서 언급한 바와 같이 민간의료기관에 대해 조세감면이나 전공의 수련비를 정부나 건보공단에서 지원하는 정책이 훨씬 효과가 좋을 것이다.

우리나라는 현재 자원기준 상대가치를 토대로 의료행위에 대한 보상을 하고 있다. 이미 1977년 7월 건강보험제도를 도입할 당시 점수제로 하여 점수를 상대가치로 정하는 구조였다. 당시 제도 도입 직후 점수제의 이점(상대가치)을 이해하지 못해 시행착오가 일어나자 1981년 7월에 점수제를 버리고, 점수에 점당 가격(환산지수라 부르며, 인플레이션을 반영하여 매년 변할 수 있음)을 곱한 금액제로 바꾸었다. 금액제로 하다 보니 상대가치인 점수와 인플레이션을 반영한 점당 가격이 뒤섞여 의료행위에 왜곡이 생겼다. 즉, 수가가 원가보다 높거나 비슷한 행위는 의사들이 자주 제공하는 데 반해 원가보다 낮은 행위는 제공을 꺼려하기 때문에 의료행위의 왜곡문제가 사회적으로 대두된 것이다. 이에 정부는 1994년 '의료보장개혁위원회'를 구성하여 금액제를 자원기준 상대가치제도로 바꾸기로 결정했고, 몇 년의 연구 끝에 2001년부터 행위별수가의 점수를 자원을 기준으로 하는 상대가치(resource based relative value)로 바꾸어 산정하게 되었다.

의료분야는 문제가 생길 때마다 정책수가 도입으로 이를 해결하다 보니 상대가치의 균형이 깨져 현재 우리나라의 보험수가는 상대가치의 의미를 크게 상실하고 있다. 설상가상으로 상대가치의 균형을 깨뜨리는 처사가 2007년에 발생하고 말았다. 앞서 설명한 바와 같이 상대가치수가를 실시한 것은 1물1가(1物1價)의 원칙을 지키도록 수가를 설정하여 진료의뢰체계가 자연스럽게 이루어지도록 하기 위함이었다. 그런데 2007년 9월 「국민건강보험법 시행령」을 개정, 의료기관 유형별로 환산지수(점당 가격)를 달리할 수 있도록 결정하여 상대가치수가제의 의미를 깨뜨리는 정책이 도입된 것이다. 개정된 시행령 제24조(계약의 내용)은 점당 가격은 공단 이사장과 요양기관의 유형별 대표자 간 협상으로 결정하도록 했다. 이 개정안을 토대로 2008년부터는 요양기관 유형별로 점수당 단가(환산지수)를 협상으로 정했다. 이 같은 조치에 따라 2010년부터 의원의 환산지수(점당 가격)는 병원의 환산지수보다 높아져 수가 역전이 시작된, 기이한 일도 벌어졌다. 이처럼 수가가 역전되면 진료의뢰체계는 작동할 수 없다.

왜 진료의뢰체계를 훼손하며까지 상대가치점수를 산정하는지 필자는 당최 알 수가 없다. 실은 상대가치수가제를 유지하기 위해 매 5년 단위로 상대가치점수를 조정하고 있는데 이 작업도 만만하지가 않다. 그렇게 어렵사리 점수를 조정해 놓고는 요양기관 유형별로 점당 가격을 달리하여 1물1가의 원칙을 깨뜨리는 모순된 짓을 법률로 허용하는데 무엇 때문에 많은 비용을 들여가며 상대가치점수를 조정하는지 이해할 수 없다. 의료기관 유형별로 환산지수를 계약하는 정책을 볼 때, 정책 당국은 건강보험정책을 유지할 의사가 있는지 의구심마저 든다.

2024년 2월에 발표한 '필수의료 정책패키지'를 보면, 지방에 의료 공급이 어려운 문제도 정부는 정책수가로 해결하겠다고 나섰다. 상대가치수가의 장점은 1물1가 원칙을 지켜 쉬운 의료행위는 상대가치를 낮게 책정하고, 어렵거나 자원소모가 많은 의료행위는 상대가치를 높게 책정하여 상대가치가 낮은 서비스는 의원급에서, 상대가치가 높은 서비스는 상급종합병원에서 진료하도록 해 환자의뢰체계를 자연스럽게 유지하는 데 있다. 그런데 또 다시 의료문제를 보험수가로 대처하겠다고 하니 아연실색할 따름이다. 보험수가로 대처하는 정책은 당면한 사회적 문제를 임시방편으로 덮고 가는 정책에 지나지 않는다. 의료분야에서 문제가 일어나면 무엇이 원인이고, 어떻게 대처해야 하는지 제대로 분석해야 한다. 예컨대, 보험수가로 대처하려면 상대가치를 어떻게 재구성해야 할지 등, 기본적인 것부터 다루어야 한다. 문제가 생겼다고 당국이 대뜸 보험수가부터 손을 대어 수가구조의 균형을 솔선해 깨뜨린다면 의료보장제도를 올바르게 유지할 수 있을까?

5. 의료보장제도를 유지할 자격이 있는 국가일까?

몇 가지 사례만 봐도 우리나라에서 의료보장제도를 유지하는 것은 어려운 일이라 생각한다. 의료보장제도를 유지하려면 다음과 같은 정책 패러다임의 혁신이 요구된다.

첫째, 의료에 관한 규범적 이념을 올바르게 정립하는 것이 중요하다. 의료는 인간의 기본권에 속한다는 세계인권선언의 취지를 따라야 한다.

둘째, 의료보장제도는 단순히 재정만 공동으로 조달, 의료 이용시 본인부담만 약간 하는 편리한 복지제도라는 인식을 버려야 한다. 재정은 소득에 비추어 공동 조달하지만, 의료 이용은 소득과 무관하게 국민 누구나 같은 조건으로 이용하는 사회화가 된다는 점을 인식해야 한다. 따라서 의료 사회화가 되는 의료보장제도에서 제공하는 서비스는 공공재가 됨을 인식해야 한다.

셋째, 의료보장제도가 도입되면 환자가 이용을 무한히 늘리는 모럴헤저드가 극심해지기 때문에 의료서비스 배분을 시장 수요에 맡길 수 없다. 따라서 의료의 소비자 시장은 없어지게 되며 수요와 대조가 되는 필요도를 토대로 서비스를 배분(rationing)할 수밖에 없다. 그리고 의료서비스의 구매자는 환자가 아니라 보험자가 된다.

넷째, 의료 사회화와 의료 사회주의를 구분할 수 있어야 한다. 후자는 공급시스템도 모두 국유화하는 것이다. 의료 사회화는 공급은 국가가 장악하지 않는다. 그래서 요양기관계약제로 하는 것이 자본주의 국가의 이념과 부합한다. 당연지정제는 정부 사업을 위해 정부가 의료기관을 강제 징발하는 것과 같다. 의료기관의 강제 징발은 전시나 지진과 같은 재난사태가 발생될 때 아니고는 유지할 이유가 없다.

다섯째, 요양기관으로 계약한 의료기관은 공공이냐, 민간이냐를 놓고 차별하는 일은 없어야 한다. 이러한 측면에서 법률로 차별하는 「공공보건의료에 관한 법률」은 당장 폐기해야 한다. 그렇게 한다고 공공병원이 필요 없다는 것은 아니다. 많은 공공병원은 특별법 내지는 정관으로 이미 역할이 명시되어 있고 지방의료원도 법률로 역할이 명시되어 있다. 이와 같은 법률이나 정관에 따라 공공병원을 운영하는 하는 것이 원칙이다.

여섯째, 비록 요양기관계약제를 하더라도, 보험재정을 절약하고 가입자들에게 의료서비스를 형평적으로 배분하기 위해 의료공급체계 (delivery system)를 제대로 정립할 필요가 있다. 이를 위해 의료를 1차,

2차, 3차로 구분하고, 의료기관은 1차 의료기관, 2차 의료기관, 3차 의료기관으로 위계화 해야 한다. 그리고 의료 이용을 효율적으로 할 수 있도록 위계화된 의료기관에 부합하게 1, 2, 3차 의료를 연계시키도록 진료권의 설정과 환자의뢰체계(referral pathway)를 유지하는 일도 중요하다.

일곱째, 모든 국민에게 의료 이용의 형평성을 보장하기 위해서는 의료의 지역화가 중요하다. 의료의 지역화를 위해서는 진료권 설정은 필수다. 그런데 지방의료원을 전부 도시지역에 배치한 것은 이해가 되지 않는다. 일본은 공립병원을 주로 의료취약지에 배치하여 지방의 의료공백에 대처하고 있다. 지방의료원이나 민간병원 모두 건강보험 환자를 진료하기 때문에 지방의료원을 도시에 배치하지 않아도 도시 주민들은 의료공백에 직면할 가능성이 거의 없다. 지방의료원은 환자가 적어 적자를 내더라도 지방정부가 보전해주기 때문에 병원 폐쇄는 일어나지 않는다. 그러나 민간병원은 환자가 적어 적자가 나면 도산되어 그 지역은 의료공백이 일어난다. 따라서 지방의료원은 가급적 의료취약지에 배치하여 지역의료의 붕괴를 막아 의료공백이 없도록 해야 한다.

여덟째, 보험수가는 원칙적으로 원가를 토대로 설정하여 보험의료를 제공하고 공급자가 초과이윤을 얻을 수 없도록 해야 한다. 그러한 차원에서 비급여의 가격을 의료기관의 자율에 맡겨 의료기관의 영리화를 초래하는 등의 문제는 반드시 시정되어야 한다.

아홉째, 현실에서 벌어지는 의료문제를 두고 정책수가라는 명분으로 보험수가에 손을 대서는 안 된다. 보험수가는 의료행위의 균형을 맞추기 위해 행위의 점수를 책정한 것이다. 이를 정책수가로 규정해 특정 서비스의 가격을 인상하면 행위간의 균형을 해쳐 장기적으로는 의료공급의 왜곡을 초래하는 문제가 발생할 것이다. 그리고 2007년 9월에 개정한 「국민건강보험법 시행령」 제24조 ①에 의한 요양기관 종류별 계약이라는 조항도 행위간의 균형을 해치는 문제가 있기 때문에 폐기해야 한다. 이 조항은 상대가치수가제의 장점을 훼손하고, 의원과 병원의 초진 및 재진료의 역전을 초래하여 진료의 뢰체계를 훼손한다.

열째, 환자들은 구매자가 아니기 때문에 구매자인 보험자가 환자들의 의료 이용을 통제할 수 있는 장치를 고안하여 의료보장제도의 지속 가능성을 보장해야 한다. 즉, 환자들에게도 자유롭게 이용이 허락되는 현재의 수요 접근을 더는 유지할 수 없음을 인식시켜야 한다.

열한째, 민영보험인 실손보험도 복지부가 개입하여 건강보험의료의 이용을 증가시킬 수 없도록 제도를 바꾸어야 한다. 유럽 의료보장국가에서 보완형 보험(complementary insurance)은 거의 허용되지 않고 있다는 점을 감안하여 제도를 개혁해야 한다. 이러한 개혁을 통해 건강보험 요양기관으로 계약한 의료기관이 영리기관화 되는 것을 막아야 한다.

열두째, 의료보장국가에서 의료계획의 수립은 의료체계를 발전시키는 역할을 한다. 의과대 입학증원 문제를 놓고 정부와 의료계가 첨예하게 대립하는 까닭은 의료계획이 없기 때문이다. 의료보장국가에서 의료계획을 토대로 의과대학 입학생 수를 결정하는 권한은 엄연히 정부에 있고, 이러한 절차로 의과대 입학생 수를 결정할 때 정부와 의료계가 대립할 이유는 없다.

앞서 열거한 제안을 이행하기 어렵다면 현재와 같은 건강보험제도는 폐기하고 미국과 같이 저소득층만 정부가 의료보호제도로 의료를 보장하고 나머지 계층은 싱가포르가 택하고 있는 의료저축구좌(Medical Saving Account)제도 같은 시장형 의료보장제도로 전환하는 편이 나을 것이다.

이규식

연세대학교에서 경제학석사를, 하와이대학^{University of Hawaii}에서 경제학 박사^{Ph.D.}를 취득했다. 한국인구보건연구원에서 의료보험연구실장을 역임한 후, 연세대학교 보건행정학과 교수로 재직하며 보건과학대학장과 보건환경대학원장을 맡았다. 이후에는 의료기관평가인증원장을 거쳐 현재는 연세대학교 명예교수이자 (사)건강복지정책연구원 원장으로 활동 중이다. 특히 건강보험과 의료정책 분야에서의 풍부한 연구경험과 지식을 바탕으로 한국의 의료 및 건강보험정책 발전에 크게 기여하고 있다.

주요 저서로는 『건강보험 통합 평가와 개혁방향』, 『의약분업의 역사와 평가』, 『의료보장과 의료체계』, 『보건의료정책』, 『국민건강보험의 발전과 과제』 등이 있다.